„Wege
entstehen
dadurch,
dass man
sie geht."

Franz Kafka

Conscious Culture

Unternehmen in der Zeitenwende

Julia Weinzettl | Helmut Blocher

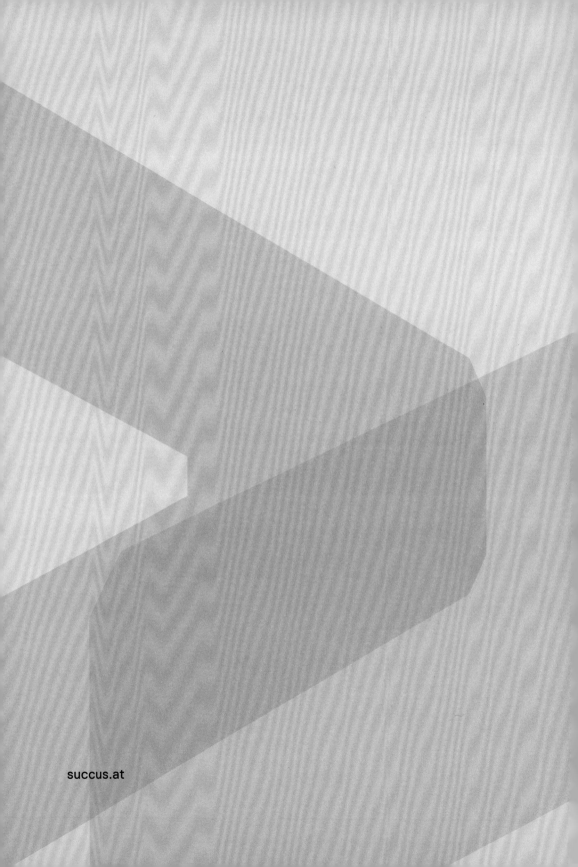

succus.at

Inhalt

Was tun, angesichts
großer Herausforderungen?

Bestehendes zu verändern, ist oft eine schwere Übung. Es braucht Einsicht, Durchhaltevermögen, einen Leitstern und auch ein wenig Liebe für die Menschen und den Planeten. Für große systemische Umwälzungen gibt es keine Blaupausen. Jedes Unternehmen muss den Weg im Einklang mit den eigenen Mitarbeitenden, den Kunden und allen Interessengruppen selbst finden. Aber es gibt Vorreiter, die schon losgegangen sind und ihre Geschichten erzählen...

1

Helmut
Blocher

ist Gründer von SUCCUS | Wirtschaftsforen. Im Kern
der Foren geht es um Innovation und Transformation.
Im Fokus: die Umsetzbarkeit sowie Inspiration und Mut für
neue Wege. Succus bedeutet vom lateinischen Wortstamm
her Saft, Kraft und auch Geist. Heute ist damit die Essenz
gemeint, das Wesentliche, der Kern einer Sache.

Creative Disruption –
der Succus

Das Leben war kurz und der allergrößte Teil der Menschheit über viele Jahrhunderte extrem arm. Vor rund 150
Jahren ging es dann los mit dem, das wir Wohlstand
nennen dürfen. Erst langsam, später, bei uns nach dem
2. Weltkrieg, immer schneller. Es ging uns noch nie so gut.[1]
Und das überall. Die Herausforderungen im Globalen Süden sind
andere als bei uns und es gibt Armut. Doch extreme Armut hat
sich in den vergangenen 100 Jahren immer weiter reduziert und
hat gerade in den letzten 20 Jahren noch mal stark abgenommen.[2]
Das erste Ziel der Ziele für eine nachhaltige Entwicklung der
UNO, die SDGs, ist es, bis 2030 die extreme Armut für alle Menschen auf der Welt zu beseitigen. Zuletzt gab es Rückschritte,
das Ziel ist nach wie vor erreichbar.

Die Herausforderungen, denen wir heute gegenüberstehen, sind
nicht auf das Eindämmen des Klimawandels beschränkt, es geht
um eine weiter gefasste Schonung und Erhaltung natürlicher
Ressourcen, das Verzögern der Abnahme der Biodiversität und
das Vermindern von extremen Ungleichheiten. In der Bewältigung
dieser Herausforderungen stecken viele Chancen, ein großes
Potenzial. Manche Gewohnheit und sogar ganze Industrien
werden verschwinden. Neues, zunächst Ungewohntes, wird
entstehen.

Wir können und möchten der großen gestaltenden Macht, den
Menschen, die gemeinsam etwas erreichen wollen, vertrauen.
Sei es in bewussten, ethisch denkenden Unternehmen, sei es als
kritische Konsument:innen oder sei es als Gesellschaft als Ganzes.
Dazu braucht es visionäre Menschen in der Zivilgesellschaft, in
den Medien und in der Politik, lokal und im großen Rahmen.

Raj Sisodia[3] ist der Überzeugung, dass der Kapitalismus gute und
schlechte Seiten hat, und dass es nun darum geht, die schlechten
hinter uns zu lassen. Er ist Mitbegründer des „Conscious Capitalism-
Movement". Seine Überlegungen und Konzepte haben uns zu diesem Buch mit inspiriert.

Beim Begriff Kapitalismus beschleicht die meisten ein gewisses Unbehagen. In der Philosophie des Conscious Capitalism werden vor allem die Wirtschaft und die Unternehmen selbst die negativen Auswüchse – basierend auf Gier und Egoismus – eindämmen.

Wir sprechen in den Unternehmen gern über Ziele, Strukturen, Geschäftsmodelle, Technologien, Visionen, Missionen und seit einigen Jahren auch über Sinn, Zweck oder „Purpose". Ein wesentlicher Hebel, wenn auch nicht direkt steuerbar, ist die Kultur im

Unternehmen. Uns Menschen macht aus, dass wir ein Bewusstsein haben, ein individuelles und ein gemeinsames. Das kollektive oder soziale Gedächtnis, das gemeinsame Bewusstsein bestimmen die Beziehungen der Menschen untereinander. Das kollektive Bewusstsein verkörpert nach Émile Durkheim den Handlungsrahmen einer Gesellschaft[4].

> **" Es gibt Arten des Handelns, Denkens, Fühlens, die außerhalb des individuellen Bewusstseins existieren."**
>
> nach Émile Durkheim

Bewusstsein entwickelt sich. Individuell, ein Leben lang und kollektiv ständig, seit es Menschen gibt. Unbewusstes wird bewusst. Gerade in den letzten fünfzig Jahren haben wir nicht nur unfassbar viel Wissen generiert, es haben sich Werte, Haltungen und Ansichten verändert. Natürlich nicht überall und überall gleich, wir können dennoch von einem Bewusstseinssprung sprechen.

In unserer Welt steht die freie Marktwirtschaft alternativlos da. Sie hat zu großem Wohlstand, aber auch zu Auswüchsen geführt. Selbst in China stellt sich die wachsende Kluft zwischen Armen und Reichen als zunehmend problematisch dar. Die Ungleichheit wächst jedoch in fast allen Regionen. Das führt zu einem latenten und offenen Misstrauen, vor allem jüngerer Menschen.

Wir leben überall auf der Welt inzwischen viel ähnlicher, als wir meist vermuten. Über zwei Drittel der Weltbevölkerung nutzen ein Smartphone und etwa 80 Prozent aller Erwachsenen haben ein Bankkonto. Ist das Einfamilienhaus mit ein oder zwei Autos in der Garage der Traum der gesamten Menschheit? Dieses Konzept eines glücklichen Lebens ist, wie so Vieles, erst in der Nachkriegszeit entstanden. Ein Großteil der älteren Menschen wird hierzulande allein in viel zu großen Häusern leben. Fast Fashion ist ungleich jünger und hat es dennoch schon geschafft, unglaubliche 10 Prozent der weltweiten CO_2-Emissionen zu verursachen.

Klimaneutral

Europa hat das Ziel, bis 2050 klimaneutral zu sein. Klar ist, dass es neben der Erzeugung von Erneuerbarer Energie vor allem wesentlich flexiblere Netze und Speichermöglichkeiten benötigen wird und mehr Intelligenz im Verbrauch.

China hat Europa bei den Treibhausemissionen pro Kopf überholt und ist für die Hälfte des Anstiegs zwischen 2005 und 2015 verantwortlich. Andererseits gibt kein Land annähernd so viel Geld für Erneuerbare Energie aus. China, die USA, die EU, Russland und Indien stehen zusammen für zwei Drittel des gesamten Ausstoßes. Es wäre also äußerst effizient, wenn sich diese fünf zu einem „Klima-Club der großen Emittenten" zusammentun und Regeln aufstellen, die dann für alle gelten.[5]

Klimaneutralität oder sogar Klimapositivität wird nur erreichbar sein, wenn sich alle ändern und alle darauf vertrauen können, dass auch die anderen ihren Beitrag leisten. Eine Entwicklung, die hier mithilft, ist, dass wir uns stärker bewusst wurden, wie unmittelbar alles zusammenhängt. Wir können es gemeinsam schaffen. Wir in Europa haben die Ressourcen und die Verantwortung, kreativ und innovativ das Notwendige zu tun.

Klimaneutrales Wachstum

Um klimaneutral zu werden, wird weniger verbraucht werden,
vor allem fossile Energie. Damit dies funktionieren kann, werden
Menschen ihr Verhalten ändern. Dass das geht, wissen wir, da
sich die Menschheit zu allen Zeiten als äußerst anpassungsfähig
erwiesen hat. Das Wort „Verzicht" hören die einen mit Gelassenheit, und bei anderen lässt es die Alarmglocken läuten. Was für die
einen schwer verkraftbar erscheint, kann von anderen als regel-
recht befreiend erlebt werden.

Unternehmen sind dabei, sich zunehmend Fragen der Nachhaltigkeit und Zirkularität zu stellen. Wir können einfangen, was wir seit
Bretton-Woods und spätestens seit den 60er-Jahren des vergangenen Jahrhunderts losgetreten haben: Nämlich eine ziemlich
hemmungslose Finanz- und Erdölparty. Veränderungen müssen
keine Verschlechterung der Lebensqualität bedeuten. Forscher-
geist, Erfindertum, Intuition und der Mut, Ideen auch anzugehen,
haben die meisten Lebensbereiche zum Positiven verändert.

Vor rund fünfzig Jahren hatte die Kriegsgeneration das Wirtschafts-
wunder und den Wiederaufbau geschafft – bildlich kann diese Zeit
mit dem sich damals gerade durchsetzenden Farbfernsehen ver-
glichen werden. Alles glänzte bunt, alles war möglich. Nichts und
niemand sollte dieses Lebensgefühl trüben. Keine Grenzen des
Wachstums mit dem Bericht des Club of Rome zur Lage der Menschheit[6], kein erster Ölpreisschock, keine erste Wirtschaftskrise nach
langer Zeit, keine Konflikte im Nahen Osten, keine Inflation, keine
steigenden Arbeitslosenzahlen, keine Exxon-Wissenschaftler, die
bereits ab 1977 vor den Gefahren des Klimawandels warnten – und
ignoriert wurden[7]. Wir wollten genießen, was wir endlich hatten,
und alles andere war weit weg.

Leere Autobahnen, autofreie Tage, Tempo 100 in Deutschland
waren schnell wieder vergessen. Das Wissen über globale Zusam-
menhänge war da, nur hat es uns nicht interessiert. Dass wir
heute, und zwar auf der ganzen Welt, ein sich entwickelndes

Bewusstsein darüber beobachten, wie sich unser Verhalten auswirkt, ist neu und kann, ja wird den Unterschied machen.[8]

Aktivist:innen und Klimaschützer proklamieren „Degrowth", um den Klimakollaps zu verhindern. Wenn dieser eintrete, kollabiere auch die Wirtschaft. Wenn Energie knapp werde, müsse sie eben zugeteilt werden. Genauso wie man es mit dem Verbrauch von knappem Wasser machen würde. Die kritische Frage ist, ob eine schrumpfende Wirtschaft ausreichend Mittel und Momentum für die Klimawende aufbringen könnte. Das kann bezweifelt werden. In wesentlichen Bereichen wie Erneuerbare Energie, Clean Tech und Climate Tech kann vielmehr von einem dynamischen Wachstum ausgegangen werden. Aber auch in anderen Bereichen, etwa in neuen Services, Nutzungsmodellen und Dienstleistungen, gibt es Wachstumspotenzial, ohne dass mehr natürliche Ressourcen verbraucht werden. Innovative Technologien werden eine zentrale Rolle spielen, es kommt aber immer darauf an, was dadurch tatsächlich erreicht wird und wie die Umsetzung Geschäftsmodelle und ganze Branchen verändern wird. Es geht um neues, qualitatives Wachstum, das die natürlichen Ressourcen schont und erhält. Durch veränderte Denkweisen kann etwas, das zuvor wie Verzicht ausgesehen hat, sich als Errungenschaft darstellen oder wie das Verlassen alter, ausgetretener und womöglich bereits obsoleter Pfade anfühlen.

 Die Schwierigkeit liegt nicht darin, die neuen Ideen zu finden, sondern darin, die alten loszuwerden."

John Maynard Keynes

Mindset Transformation

Ganze Branchen werden sich verändern. In den meisten Studien zur Klimaneutralität wird etwa von einer starken Änderung des Individualverkehrs ausgegangen. Schon heute sehen wir Sharing-Modelle und neue Möglichkeiten der Mobilität für die letzten Meilen.

Die Praxis sieht allerdings – EU-weit – in Bereichen noch anders aus. 2023 waren erstmals über 50 Prozent der verkauften Neuwagen SUVs. Wie konnte dies geschehen? Es wurde bei der erstmaligen EU-weiten Einführung verpflichtender Ziele für den Treibhausgasausstoß von Pkws ein Korrekturfaktor auf Basis des

It is key with whom you start."

Jacqueline Cramer

Fahrzeuggewichts beschlossen. Dies hat die starke Zunahme der SUVs begünstigt. An diesem negativen Beispiel sieht man, wie wichtig ein konsistenter, visionärer, politischer Rahmen ist, um Ziele, die die EU an sich hat, nicht zu unterlaufen, sondern kräftig zu unterstützen.

Die Treibhausgas-Emissionen sind EU-weit bereits deutlich zurückgegangen. Europa hat sich entschieden, eine Vorreiterrolle bei Erneuerbaren Energien, Kreislaufwirtschaft und Klimazielen einzunehmen. Immer mehr Unternehmen wollen und können es nicht mehr nur den anderen überlassen. Es braucht auch die verstärkte Verantwortung der Unternehmen, und zwar nicht nur im Sinne von „Corporate Social Responsibility", wo für Schäden, die ein Unternehmen anrichtet, auch mal da und dort ein gutes Werk getan wird, sondern umfassender und nachhaltiger im Sinne von „Conscious Culture"[9].

In viele Unternehmen kommt Bewegung rein. Die Zeiten des alleinigen Fokus auf den „Shareholder-Value" sind vorbei. Menschen wollen und können nicht mehr ein halbes Leben lang für Unternehmen tätig sein, deren Geschäftsmodelle auf der Zerstörung und Ausbeutung natürlicher und menschlicher Ressourcen beruhen. Wir wünschen uns einen Sinn im Leben und der soll sich auch in dem, was wir täglich tun, widerspiegeln. Dazu gehören im Unternehmen neben Profit eben gleichberechtigt Planet und People.

Der Mikey Mouse Effekt beschreibt Tendenzen, den Fokus auf Profitabilität zu richten. Beispiele in diesem Buch zeigen, dass nachhaltigere Unternehmen auch profitabler sein können.

<

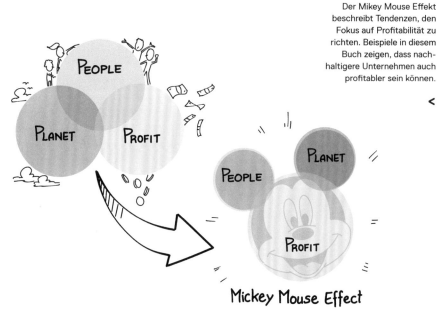

Mickey Mouse Effect

Die Menschheit hat in ihrer Geschichte immer wieder enorme Anpassungsfähigkeit bewiesen. Jetzt geht es darum, die Zukunft aktiv zu gestalten. „Not macht erfinderisch", sagt schon der Volksmund. Joseph Schumpeter hat nicht nur den Begriff „Innovation", sondern auch den von der „Kreativen Zerstörung" geprägt.[10] Die Kernaussage: Jede ökonomische Entwicklung (im Sinne von nicht bloß quantitativer Entwicklung) baut auf dem Prozess der schöpferischen bzw. kreativen Zerstörung auf. Durch eine Neukombination werden alte Strukturen verdrängt und zerstört.

„ Verdrängung ist notwendig, damit Neuordnung stattfinden kann.“

Was sollten wir loslassen, damit ein Neuanfang gelingen kann? Wie können wir Verfahren, Technologien und Geschäftsmodelle so kombinieren, dass die Wirtschaft nicht mehr auf der Ausbeutung von begrenzten Ressourcen beruht? Dazu wollen wir Fragen stellen, inspirieren und Ansätze, Denkweisen und Beispiele beleuchten und hinterfragen. Es geht nicht um die „Heile Welt" idealer Lösungen, sondern um Unternehmen, die kraftvoll und durchaus pragmatisch darangehen, sich den Herausforderungen der Zeitenwende zu stellen.

Unsere Gegenwart ist von Ambivalenz, widersprüchlichen Signalen und scheinbar gegenläufigen Trends geprägt. Die Zeit der einfachen Lösungen ist vorbei. Vieles spricht allerdings für faktenbasierten Optimismus. Wir stehen erst am Anfang einer großen Reise – der Transformation in der Zeitenwende.

2

Dr. Hans-Dietrich Reckhaus

ist geschäftsführender Gesellschafter der Reckhaus-Gruppe, spezialisiert auf die Herstellung und den Vertrieb von Insektenbekämpfungsmitteln im Innenraum, Gründer des Gütesiegel INSECT RESPECT® und Initiator von insektenfreundlichen Ausgleichsflächen. Der Doktor der Betriebswirtschaft leitet den gleichnamigen Familien-betrieb in der Nachfolge seines Vaters seit 1995.

Die Metamorphose – Reckhaus erfindet sich neu

R eckhaus wurde 1956 gegründet und produziert Insektizide, – nun werden Insekten auch gerettet. So unglaub-
lich es klingt, so erfolgreich ist das Geschäftsmodell
heute. 2010 startete die radikale Transformation des
Insektenvernichtungsunternehmens Dr. Reckhaus. Der Geschäftsführer Hans-Dietrich Reckhaus vollführte eine 180-Grad-Wendung
in seiner Einstellung zum Töten von Insekten und änderte sein
Unternehmen. Heute produziert man immer noch Insektizide, aber
weniger und sie sind mit dem Warnhinweis „Produkt tötet wertvolle Insekten" versehen. Reckhaus möchte, dass die Menschen
weniger Tötungsprodukte verwenden, und bietet Alternativen in
Form von Lebendfallen gleichzeitig mit Informationen über die
Nützlichkeit der Tiere an. Die „Tötungsprodukte", wie er es nennt,
finanzierten die Produktneuentwicklung und das Gütesiegel Insect
Respect, das er entwickelte. Heute hat das Unternehmen weitere
Revenue Streams, als Gestalter von Lebensräumen für Insekten
auf ungenutzten Flächen wie Unternehmensdächern. Reckhaus

ist zum Lobbyisten der Insekten geworden und nutzt die wirtschaftliche Kraft seines Unternehmens zur Finanzierung der Transformation. Das erklärte Ziel seiner Unternehmung ist, nicht weniger, sondern anders zu wirtschaften.

,, Deine Produkte sind einfach schlecht – anstatt Insekten zu töten, solltest du sie retten."

Frank und Patrik Riklin

Dieser Satz veränderte das Leben von Dr. Hans-Dietrich Reckhaus und schrieb dadurch die Geschichte des Insektenvernichtungsunternehmens neu. Eigentlich wollte Hans-Dietrich nur eine knackige neue Marketingstrategie, um seine Produkte besser zu vermarkten. Er leitet das Familienunternehmen in zweiter Generation und hatte sich bis dahin noch nie die Frage gestellt, ob Insekten töten sein richtiger Lebensinhalt wäre. Für die neue Marketingstrategie beauftragte er die Konzeptkünstler Frank und Patrik Riklin und ihr Atelier für Sonderaufgaben. Das Brüderpaar setzte sich intensiv mit den Dr. Reckhaus-Produkten auseinander, um dann den Auftrag abzulehnen. Sie konnten sich nicht dazu durchringen, das Töten von Insekten zu propagieren. Vielmehr wollten sie auch nicht, dass die Firma Reckhaus weiterhin die Tötung von Insekten unterstützte. Dieses machten sie Hans-Dietrich unmissverständlich klar. Verwirrt und enttäuscht verließ dieser das Atelier, um zwei Wochen später zurückzukehren.

Denn der Samen für die Veränderung war gesät worden. Die Auseinandersetzung mit den Künstlern erweckte in Hans-Dietrich Gedanken, die als Gefühle unterschwellig schon vorhanden waren. Zum ersten Mal setzte er sich auf intellektueller Ebene damit auseinander, dass sein Geschäftsmodell aus der Tötung bestand, – wenn auch der Tötung lästiger Insekten. Seine Kunden waren zwar zufriedene und dankbare Käufer der Insektenvertilgungsmittel, doch dieses Geschäftsmodell war für den Unternehmer nicht mehr stimmig. Der ersten Auseinandersetzung mit den Konzeptkünstlern folgte ein Change-Prozess, der bilderbuchhaft über zehn Jahre ein ganzes Unternehmen umkrempelte. Hans-Dietrich reflektierte seine eigenen ethischen Vorstellungen und startete, unter Selbstzweifel und Unsicherheiten, die mit einherkommen, wenn man einen völlig neuen Weg geht, eine bahnbrechende Transformation. Sein Unternehmen sollte vom Insektenvernichter zum Insektenretter werden. Damit wurde es beispielgebend für eine grundlegende und nachhaltige Neuausrichtung eines Unternehmens. Der Ansatz von Reckhaus wurde zum Transformations-Beispiel für andere Unternehmen.

Doch leicht war es nicht. Folgende Herausforderungen galt und gilt es zu meistern:

> Klarheit über seine eigenen Werte und die Art, wie Hans-Dietrich sein Leben leben wollte, zu bekommen und einen Plan zu erstellen, diese im Unternehmen umzusetzen.
> Widerständen in seiner Familie zu begegnen, – die Werte eines Familienunternehmens infrage zu stellen und zu ändern, betrifft nicht nur die berufliche Ebene.
> Den Widerständen und dem Unverständnis der Mitarbeiter im eigenen Unternehmen zu begegnen – die Angestellten fürchteten um ihre Jobs und waren verunsichert.
> Seine Großkunden zu überzeugen: Dr. Reckhaus produziert für alle großen Drogerien wie dm, Rossmann oder auch Aldi Eigenmarken, warum sollte man nun andere Produkte

verwenden? Was war plötzlich schlecht? Die Konkurrenten
blieben beim erfolgreichen Business-as-usual.

> Das Kaufverhalten der Endkunden zu ändern: Schließlich gelten
Fliegen, Wespen und Mücken als lästig, unnötig und manchmal
sogar als Krankheitsüberträger. Warum sie also nicht töten?

> Die Glaubwürdigkeit seines Anliegens – den Sinneswandel
eines erfolgreichen Unternehmers der Öffentlichkeit verständlich zu machen, damit er nicht als trickreiche Marketingaktion
abgestempelt würde, – Greenwashing der Insektenvernich-
tung sozusagen.

Kurz gesagt gab es fast keinen Bereich in Hans-Dietrichs Leben und seinem Unternehmen, der sich nicht ändern musste. Und von wirtschaftlich „Müssen" war eigentlich auch nicht die Rede, das Unternehmen lief und läuft erfolgreich. Doch eine andere Art von „Müssen" führte zu der Transformation. Ausgehend von der ethisch moralischen Motivation erkannte Hans-Dietrich, dass es sich mit dem Schutz von Insekten um eine gesellschaftliche Verantwortung handelte.

> **Never doubt that one person or a small group of thoughtful, committed citizens can change the world; indeed, it's the only thing that ever has."**
>
> Margaret Mead

Von der eigenen Entwicklung zur gesellschaftlichen Verantwortung

„Wir Menschen können ohne Insekten nur wenige Monate überleben", sagt Edward Wilson, amerikanischer Entomologe. Je tiefer Hans-Dietrich in die unersetzbare Wirkung von Insekten im Ökosystem eintauchte, desto klarer war die Erkenntnis, dass die persönliche Komponente zwar als Auslöser für die Transformation seines Unternehmens gedient hatte, weitaus wichtiger war jedoch die gesellschaftliche Dimension.

Denn der Anteil der Insekten, die unser Ökosystem aufrechterhalten, wird unterschätzt.

+ 90 Prozent aller Pflanzenarten werden von Insekten bestäubt.
+ 90 Prozent aller Süßwasserfische ernähren sich von Insektenlarven.
+ 577 Milliarden US-Dollar ist der jährliche wirtschaftliche Wert, den Insekten durch Bestäubung und Samentransport leisten.
+ 4,5 Milliarden US-Dollar ist allein der wirtschaftliche Wert, den Marienkäfer in den USA leisten, indem sie unter anderem Blattläuse fressen.
+ Insekten sind die wichtigsten Wiederverwerter auf unserem Planeten, sie zersetzen Aas, Dung, Totholz und Chemikalien.
+ Ohne Insekten würde der globale Markt für Heilkräuter wie Baldrian, Lavendel, Melisse und Johanniskraut zusammenbrechen.

Je mehr Wissen Reckhaus ansammelte, desto sicherer wurde er in seiner Mission. Denn mehr als 40 Prozent aller Insektenarten sind in ihrem Bestand gefährdet. Knapp fünf Prozent gelten bereits als ausgestorben. Schuld sind die Menschen, die ihnen die Lebensräume rauben und sie töten.

Wie viel ist eine Fliege wert?

Gestartet wurde der Transformationsprozess mit einer schrägen, verrückten Aktion, die gemeinsam mit dem Konzeptkünstlerbrüderpaar Riklin anlief. „Fliegenretten in Deppendorf" erreichte starke Medienpräsenz. Die Bewohner des Dorfes fingen 902 Fliegen lebendig. Die Gewinner der Aktion gingen gemeinsam mit der Fliege Erika, die auch einen eigenen Sitzplatz im Flugzeug bekam, auf Urlaub. Erika wurde berühmt und nach ihrem Tod (Fliegen leben zwei bis vier Wochen) präpariert und ist heute Teil der Kunstsammlung der Universität St. Gallen. Der Medienrummel war groß,

die Kunstaktion fand ob ihrer Skurrilität gepaart mit Humor große Aufmerksamkeit.

Doch das war erst der Anfang. Die Künstler gingen einen Schritt weiter und schlugen Maßnahmen zur Integration der Insektenrettung in das Unternehmen vor. Hans-Dietrich wurde klar, dass er den Wunsch, Insekten zu retten, glaubwürdig und nachhaltig in sein Unternehmen einbetten musste. Die gut gehenden Insektentötungsprodukte finanzierten diesen Wandel.

> **„** Wenn man Unternehmer oder Führungskraft ist, muss man verstehen, dass ein Unternehmen der beste Hebel ist, um gesellschaftliches Bewusstsein zu generieren."

Die Gründung eines neuen Labels:
INSECT RESPECT

Um Insekten eine Lobby zu geben, rief Hans-Dietrich in Zusammenarbeit mit den beiden Riklins ein Gütesiegel ins Leben. Mit Insect Respect setzt sich Reckhaus für den Erhalt von Insekten und deren Lebensräumen ein. Die Verpackung seiner Produkte wird für Aufklärungshinweise genutzt. Für den Schaden, der durch die Tötung entstanden ist, werden Ausgleichsflächen zum Erhalt der Insekten geschaffen. Der Boden für den Erfolg des Lizenzgeschäfts wurde unter Risiko und langem Atem bereitet. In den ersten sieben Jahren verzeichnete das Unternehmen 25 Prozent Umsatzrückgang und verlor 75 Prozent der Rendite. Der Warnhinweis: „Produkt tötet wertvolle Insekten", der seit 2019 auf den Biozid-Artikeln angebracht ist, ging genauso auf, wie Reckhaus es sich erwartet hatte. Die Menschen kauften weniger Produkte. Doch sie kauften noch keine Lebendfallen. Nach einigen Jahren Überzeugungsarbeit hatte sich das Blatt auch gesellschaftlich gewendet. Die Wichtigkeit der Biodiversität und das Bewusstsein über die Funktion von Insekten im Ökosystem fing an, auch bei den Konsumenten ein Thema zu werden.

Die großen Handels- und Drogerieketten Deutschlands stiegen in das Lizenzgeschäft ein, seit 2021 sind auch die Handelsketten in Österreich und der Schweiz Geschäftspartner. Mittlerweile tragen über 4,5 Millionen Produkte das Insect Respect-Gütesiegel, Tendenz steigend.

Neue Revenue Streams: vom Insektenvernichter zum Gartengestalter

Unter Insect Respect bietet die Firma Reckhaus anderen Unternehmen an, Flächen und Dächer zu begrünen und Insektenparadiese zu gestalten. Begonnen hat man auf dem eigenen Gebäude. Auf 200 Quadratmeter legte Hans-Dietrich ein Biotop an, um ein Insekten-Zuhause zu gründen. Er ließ sich von einem Biologen ausrechnen, wie viel Biomasse an Insekten ein Produkt tötet und wie viel Fläche notwendig ist, um dieser Masse wiederum einen Lebensraum zu geben. Mittlerweile hat das Unternehmen in Zusammenarbeit mit örtlichen Landschaftsgärtnereien schon 12.000 Quadratmeter brachliegende Fläche zu Insektenparadiesen umgeformt. Letztes Baby ist eine Fläche der Möbelkette Ikea in Rumänien.

" Die größte Herausforderung
war, andere davon zu über-
zeugen, dass es wichtig ist,
Insekten zu retten und man
als Unternehmen damit
auch Geld verdienen kann."

Alle machen mit –
auch die Mitarbeiter?

„Anfangs blickte ich nur in fragende Gesichter", sagt Hans-Dietrich. „Ich vermute, der Großteil meiner Mitarbeiter:innen dachte, ich wäre verrückt geworden und dass sie sich so schnell wie möglich einen neuen Job suchen müssten." Die Unsicherheit und Skepsis waren groß. Es gab Zukunftsängste, aber auch ein anderes großes Gefühl, das in der Strategieänderung des Unternehmens mitschwang: Jahrelang hatte man an Produkten gearbeitet, die sich erfolgreich verkaufen ließen, weil sie von den Kunden als wirksam und gut befunden wurden. Und plötzlich sollen diese Produkte schlecht gewesen sein und ersetzt werden? Es hat Jahre gebraucht, die Mitarbeiter:innen mitzunehmen, sagt Hans-Dietrich, da reichte nicht einfach eine Schulung. Die Bestätigung der Sinnhaftigkeit kam über die vielen Auszeichnungen, die man gesammelt hat. Über 35 nationale und internationale Auszeichnungen haben Reckhaus' Bemühungen über die Jahre eingeheimst. Jede einzelne Auszeichnung hat wieder bei den Mitarbeitern gebohrt und gezeigt, dass diese Arbeit sinnvoll ist.

Der wichtigste Meilenstein
war der erste Kunde

Nach fünf Jahren führte die Drogeriemarktkette dm das Label Insect Respect für Eigenprodukte ein. „Plötzlich sahen die Mitarbeiter, die zwar die Sinnhaftigkeit des Unterfangens unterstützten, aber unsicher waren, ob die Änderung ökonomisch tragbar war, dass das Konzept auch wirtschaftlich funktionieren könnte", freut sich Hans-Dietrich. Heute stehen ungefähr 80 Prozent der Mitarbeiter hinter ihm, etwa 20 Prozent sind noch skeptisch. Andererseits hat Reckhaus seit Jahren kein Problem, Mitarbeiter zu finden. Gerade der Strategieschwenk und die neuen Geschäftsfelder sind ein Anziehungspunkt für neue engagierte Personen, die in den neuen Sparten wie der Gartengestaltung, ihre Expertise einbringen. Für die Mitarbeiter im kaufmännischen Bereich änderte sich tatsächlich nur der Inhalt – sie kaufen und verpacken heute Totholz, Steinhaufen und Pflanzen ein anstatt Chemikalien. Auch in der Produktion der Lebendfallen oder im Abfüllen der Samenmischungen änderte sich nur der Arbeitsprozess.

Gesellschaftliche Verantwortung

Drei Kernelemente nahm Hans-Dietrich in seine Unternehmensphilosophie auf: Man möchte neue Geschäftsfelder aufbauen, die unsere Lebensgrundlagen wertschätzen, stärken und schützen. Zusätzlich sollen alte und neue Produkte nur noch aus möglichst umweltverträglichen Produkten hergestellt werden. Gleichzeitig versucht man, Schäden, die die eigenen Produkte anrichten, klar zu benennen und auszugleichen. Man wird weniger sinnlose Produkte herstellen, und die Menschen nicht zum Kauf von Überflüssigem animieren. Die Verpackung wird als Kommunikationskanal genutzt, um Bewusstsein für weniger Konsum zu schaffen.

„Der Hauptumsatz meines Unternehmens stammt noch aus Tötungsprodukten, doch meine Mission ist noch nicht zu Ende", so Hans-Dietrich. Insektenvernichtungsmittel sind immer noch in den Regalen aller großen Drogeriemärkte erhältlich, aber man arbeitet bei Reckhaus weiterhin daran, mit jedem Produkt das gesellschaftliche Bewusstsein für Insekten zu fördern – damit soll die Gesamtnachfrage auf dem Markt reduziert werden. Obwohl es ein wenig verrückt klingt – ein Unternehmer, der möchte, dass sein Geschäft weniger wird. Doch die Strategie hat System. Die Wirtschaft hat die größte Macht, gesellschaftlich etwas zu bewegen.

Daher darf man die Einbindung sozialer und gesellschaftlicher Aspekte nicht als Notwendigkeit oder Übel sehen, sondern vielmehr als Chance, weiß Hans-Dietrich. Die Unternehmer dieser Welt müssen nur aus dem Fenster sehen und sich fragen:

Was sind die großen gesellschaftlichen Probleme? Denn das sind die Geschäftsfelder von morgen. Aus der Lösung dieser Probleme Geschäftsmodelle zu machen, schafft ein anderes Wirtschaften. Und diese Geschäftsmodelle sind resilienter und wertvoller für die Menschheit als viele Bestehende.

3

Leopold
Leonhartsberger

führt seit 2020 die Direktion Transformation & Innovation
des Zentralbereichs STRABAG Innovation & Digitalisation
und seit kurzem auch den Bereich Sustainability. In dieser
Funktion treibt er im dynamischen Spannungsfeld zwischen
Bauindustrie und Digitalisierung unter anderem Themen wie
Transformationsprozesse und die Etablierung einer innovativen Organisationskultur.

STRABAG
auf dem Weg

Hochbau, Tiefbau, Landschaftsbau, Städtebau, Straßenbau, Eisenbahnbau, Wasserbau. Wenig steht so deutlich für unser heutiges Leben wie Gebäude und Infrastruktur. 2022 betrug der Anteil des Bruttoinlandsproduktes Deutschlands, der für Bauinvestitionen verwendet wurde, 12 Prozent. Rund 40 Prozent des gesamten Energieverbrauchs und etwa 36 Prozent der damit verbundenen Emissionen in der Europäischen Union entfallen auf Gebäude in der Errichtungs- und Nutzungsphase. Trotz neuer Ansätze und zunehmender Digitalisierung gilt die Industrie generell als wenig innovativ, abhängig von fossilen Technologien und geprägt von veralteten Strukturen und Prozessen. Doch gerade weil der Bausektor so emissionsintensiv ist, steckt hier großes Potenzial hinsichtlich Nachhaltigkeit, Innovation und Digitalisierung.

Der europäische Technologiekonzern für Baudienstleistungen Strabag SE ist ein börsennotiertes österreichisches Unternehmen mit Hauptsitz in Wien. Als eines der größten Bauunternehmen Europas ist das Unternehmen neben den Kernmärkten Österreich und Deutschland in zahlreichen ost- und südosteuropäischen Ländern in der Bauindustrie tätig.

2040 klimaneutral zu sein, steht am Plan und die Lücke zwischen Status quo und Zielerreichung ist noch groß. Hier macht man sich nichts vor. In allen Phasen der Wertschöpfung der Bauwirtschaft sind Innovationen notwendig, um die Nachhaltigkeitsziele zu erreichen. Nur verringern oder mehr Effizienz wird einfach nicht reichen. Neue Technologien und Innovationen sind die Katalysatoren zur Zielerreichung. „Die Digitalisierung und Innovation sind Key-Treiber und Wegbereiter zur Erreichung unserer Nachhaltigkeitsziele", sagt Leo, Head of Transformation und Sustainability der STRABAG.

Die Schöpfungskraft der Mitarbeiter nutzen

Sich der klugen Köpfe des Konzerns zu bedienen und die Ideenfindung nicht mehr nur den höheren Etagen zu überlassen, ist nicht nur der Zug der Zeit, sondern eine Notwendigkeit, ist Leos Meinung und die Strategie der STRABAG. Innovativ zu sein, war seit jeher die Erfolgs- und Überlebensstrategie des Unternehmens. Um sich als Firma weiterzuentwickeln, wurde schon immer ein Teil des erwirtschafteten Vermögens in Innovation investiert. Doch jetzt geht alles schneller. Fast jede Information, die man benötigt, ist zu jeder Zeit für jeden verfügbar. Das bedeutet, es braucht andere Mechanismen, um wettbewerbsfähig zu bleiben, so Leo. Allgemeines Wissen ist leicht zugänglich, aber Prozess-Know-how und organisationsinternes Wissen und das Erkennen von Nischen sind die Schrauben, an denen man drehen kann, um sich Wettbewerbsvorteile zu sichern und CO_2-neutral zu werden. Der Wandel muss als Chance gesehen werden, anstatt sich vor Disruption zu fürchten. Eine florierende Innovationskultur bedeutet, dass sich eine Organisation und ihr Management aktiv mit dem Thema auseinandersetzen und kontinuierlich überprüfen, ob ihre Geschäftsmodelle noch wirksam sind und welche inkrementellen, angrenzenden oder disruptiven Veränderungen möglich sind, um die Zukunft zu sichern.

„All hands on deck" heißt daher die Devise bei STRABAG, um nicht nur mithalten zu können, sondern ganz vorn mitzuspielen. Die Mitarbeiter:innen sind eingeladen, ihr Insiderwissen einzubringen und ihr innovatives Potenzial auszuleben. Im Ideenmanagement haben Mitarbeiter:innen nicht nur die Möglichkeit, über eine Plattform Ideen einzubringen, sondern sie werden gezielt und strukturiert begleitet, methodisch z. B. mittels Design Thinking unterstützt, und die Entwicklung dieser Ideen wird schrittweise finanziert.

Den Innovationsschatz heben

Mit konzernweiten Intrapreneurship-Challenges möchte man das innovative Potenzial der Mitarbeiter freilegen. Die Bereiche, in denen man innovativ denkt oder denken kann, sind mannigfaltig – etwa die Entwicklung von umweltfreundlichen Baumaterialien oder die Nutzung von energieeffizienten Technologien, erläutert Leo.

Was macht man mit den Abfällen auf der Baustelle?

Diese Frage stellte man in einer Intrapreneur-Challenge mit dem Ergebnis einer neuen Geschäftsidee.

„Der Weg zu nach-
haltigem Wirtschaften
führt über eine durch-
gängige Innovations-
kultur – sie ist die
Quelle, aus der Ideen
für die Zukunft ge-
schöpft werden."

Um eine Baustelle zu errichten, muss man Ausstattung zukaufen. Der Verbrauch des Materials wie Holz, Kunststoff etc. wird zwar möglichst genau kalkuliert, bestellt wird gerne etwas mehr, denn eine Bauverzögerung ist teurer als ein Materialüberschuss. Nach Beendigung der Bauarbeiten werden diese Reste aus logistischen Gründen oft einfach entsorgt. Rücksendungen sind unrentabel und in vielen Fällen gar nicht möglich. So wurde in der Intrapreneur-Challenge bei STRABAG die Idee geboren, dieses Restmaterial, das auf der Baustelle nicht mehr verwendet werden konnte, einer anderen Zielgruppe zu eröffnen. Zum Beispiel Familien, die gerade ihr Eigenheim errichten. Der nachhaltige, zirkuläre Ansatz sollte mittels einer Online-Plattform ein neues Geschäftsfeld eröffnen und das übrig gebliebene Material einer sinnvollen Nutzung zuzuführen.

Eine fantastische Idee. Genau das Ergebnis, das man sich von einer Intrapreneur-Challenge wünscht. Ein ungenutztes Geschäftsfeld wird erschlossen, Ressourcen, die sonst verschwendet werden würden, werden genutzt und einer völlig neuen Zielgruppe zugeführt.

Allein eine Ausgründung ist ein komplexer Prozess, bei dem es auf das Zusammenspiel verschiedener Aspekte und Akteure ankommt. Nicht immer ist die Gründung eines neuen Unternehmens die beste oder praktikabelste Lösung. Und eine Gründung birgt naturgemäß immer ein Risiko.

Fazit – Das Innovationsinteresse ist groß: Die Mitarbeiter:innen brachten kreative, funktionierende Ideen. Vor allem durch die direkte Nähe an Bau- oder baubegleitenden Prozessen gab es einen großen Pool an zielgerichteter Innovation. Eine Ausgründung erfordert Fingerspitzengefühl und Achtsamkeit – sowohl denen gegenüber, die ausgründen möchten, als auch denen gegenüber, die im Konzern bleiben.

> **„Innovativ zu sein, ist nicht gleichbedeutend mit Unternehmertum."**

Agile Anpassung des Innovationsprozesses

In vielen Innovations-Challenges wird den Mitarbeitern ab einem gewissen Projekterfolg die Möglichkeit der Ausgründung angeboten. Ähnliche Ideen hatte man auch bei STRABAG. Den Mitarbeitern wurden im Innovationsprozess externe Ressourcen zur Verfügung gestellt, das Innovationsmanagement unterstütze die Teilnehmer der Challenges schon in der Ideengenerierungsphase mit verschiedenen Methoden.

Am STRABAG Demo Day, einem Milestone im Prozess, werden die vielversprechendsten sechs Ideen vorgestellt. Interne Investoren wie die Landesvorstände oder Unternehmensbereichsleiter der einzelnen Landesorganisationen konnten für sie interessante

Projekte in der nächsten Phase finanziell unterstützen. Man wollte durch diese Finanzierung das Projekt vorantreiben, bis ein weiteres Investment notwendig wäre, um den nächsten Entwicklungsschritt zu finanzieren. Bisher wurde dieser zweite größere Investitionsschritt innerhalb des Unternehmens noch nicht vorgenommen.

Aktuell arbeitet man an einem Prozess, der den internen Investoren auch ermöglicht, Teil der zweiten, kapitalintensiveren Finanzierungsrunde zu sein. So behält das Unternehmen Mitarbeiter und Ideen im Konzern, kann die eigenen Innovationsprozesse weiterentwickeln und die Anforderungen des Unternehmens und seiner Mitarbeiter adaptieren. Tatsächlich wurde auch die Gestaltung der Innovationsprozesse im Unternehmen agil weiterentwickelt.

Innovatives Mindset im Unternehmen entwickeln

„Das Ideenmanagement und die Intrapreneur-Challenges sind wichtige Tools, um kreatives Potenzial im Unternehmen zu heben und die Umsetzung neuer Ideen anzustoßen", sagt Leo. Sie haben aber noch einen wesentlichen zweiten Aspekt, nämlich die Innovationskultur im Unternehmen zu stärken. Die Challenges setzen das Zeichen, dass die Ideen der Mitarbeiter:innen vom Management geschätzt und gefördert werden. Die Tatsache, dass man sie auch durchgängig finanzieren will, gibt innovativen Ideen Anerkennung, beweist ihre Wichtigkeit und den Glauben, dass kluge Köpfe aus den eigenen Reihen umsatzstarke Anwendungen auf den Markt bringen können.

Um kreative Ideen und Innovation hervorzubringen, gibt es allerdings eine Voraussetzung, ohne die sie nicht zustande kommen können, ist sich Leo sicher. Offenheit und Vertrauen sind die Eckpfeiler, die Innovation im Unternehmen überhaupt möglich machen. Die „Secret-Sauce" sozusagen. Denn etwas Neues in die Welt zu bringen, egal ob es eine Verknüpfung oder Verbesserung bestehender Produkte oder Prozesse ist oder eine bahnbrechende, vollkommen neue Anwendung haben eines gemeinsam: sie können scheitern.

Innovation birgt immer das Risiko des Fehlschlags. Das liegt in der Natur der Sache, sie ist einfach bisher nicht erprobt. Um sich selbst mit einer Idee im beruflichen Umfeld so zu exponieren, muss man sicher sein, dass das Scheitern zwar vermutlich nicht angenehm, aber weiters keine Konsequenzen auf dem Innovationsspielplatz bringt. Das bedeutet, dass Verhaltensmuster, auf die in bekannten und erprobten Prozessen Wert gelegt wird, im Innovationsprozess nicht gelten. Umdenken und Loslassen ist also angesagt. Das gilt für Mitarbeiter:innen und Führungskräfte. Oft ist das leichter gesagt als getan, weiß Leo. Denn hier müssen die Führungskräfte eine wichtige Aufgabe bewältigen: Es muss ein vertrauensvolles Umfeld geschaffen werden, um Innovation und dadurch auch wirtschaftlichen Erfolg hervorzubringen.

Wie kann ich echtes Vertrauen gewinnen?

„Es geht um die Haltung, die man gegenüber den Menschen an den Tag legt", sagt Leo. Diese Haltung fängt bei einem selbst an. Das Erkennen der eigenen Werte und sich seiner selbst sicher zu sein, ist ein wesentlicher Teil des Conscious Leadership. Authentizität und Kongruenz sind wichtig, man muss echt sein und sich selbst treu bleiben. Andere Menschen spüren und sehen dieses Verhalten und können sich so selbst öffnen. Auf diese Art miteinander in Beziehung zu treten, bedeutet aber auch ein Stück von sich selbst preiszugeben. Das ist ein Entwicklungsprozess, sagt Leo. Doch Vertrauen entsteht nur auf der Beziehungsebene. Bewusst mit Druck zu führen oder Information zurückzuhalten, um einen Wissensvorsprung zu behalten, fördert die Ungewissheit und wirkt sich dadurch negativ auf die Vertrauensbasis zwischen Menschen aus. Manche Führungskräfte befürworten bewusst den Einsatz von Druck und sogar Angst, aber es zeigt sich, dass dies oft nur zu kurzfristigen, wenig nachhaltigen Erfolgen führt.
Es gibt keinen absolut sicheren Raum, den sich alle wünschen, aber wenn Druck und Angst auf einer übergeordneten Ebene vorhanden sind, wird das Arbeitsklima ungesund und die Zusammenarbeit schwierig. Negative Informationen werden von den Mitarbeitern bewusst zurückgehalten, viele ziehen sich innerlich zurück, es folgt der Dienst nach Vorschrift oder sogar die Quiet Resignation. Etwas Druck kann die Effizienz steigern. Als Führungskraft muss man diesen aber nicht aktiv ausspielen, ist Leos Meinung. Wenn man ambitionierte Ziele setzt, entsteht von selbst ein gewisses Maß an Druck, der die Menschen effektiver werden lässt.

" Wenn du Zusagen machst, musst du dich daran halten oder ehrlich erklären, wenn du sie nicht einhalten kannst."

,, Es ist wichtig,
Menschen wirklich zu
mögen und neutral zu
behandeln, damit sie sich
frei und authentisch
fühlen können."

Flexibilität im Leadership

Selbsternannte Besserwisser, die Agilität falsch verstehen, wären im Conscious Leadership fehl am Platz, meint Leo. Die „Wir haben uns alle lieb"-Strömung mag in anderen Bereichen funktionieren, im Management von Unternehmen wäre sie nicht anwendbar.
Wie man führt, hängt vom Kontext, vom Thema und von den beteiligten Personen ab. Bei manchen Mitarbeitern ist kaum Führung nötig, sie erbringen die vereinbarten Ergebnisse mit leichter Steuerung. Bei manchen müssen engere Vorgaben gegeben werden. Manchmal muss man sich auch von Personen trennen, weil sie nicht mit der Rolle matchen, keine Ergebnisse oder zu wenig Ambition oder Passion einbringen, ist Leos Erfahrung.

„Ich trenne mich nicht oft von Mitarbeitenden, aber die konsequente Entfernung toxischer Personen aus Organisationen und Teams ist eines meiner Führungsprinzipien", sagt der Innovationsmanager.

Kongruenz ist ein Vertrauenspfeiler

Vorleben ist wesentlich. Man muss zu Entscheidungen stehen, selbst wenn sie negative Konsequenzen haben, ist Leo überzeugt. Dadurch entsteht Vertrauen. Manche Entscheidungen sind einfach falsch, weil man nicht genug Information hatte, weil man eine Situation nicht richtig eingeschätzt hat oder weil unvorhersehbare Parameter hinzukamen. Das einzugestehen, erfordert eine reflektierte Persönlichkeit. Wenn es aber gelingt, zeigt es den Mitarbeitern als gelebtes Vorbild, dass Fehler zu machen möglich ist.
So wird das Vertrauen aufgebaut und der Boden für neue Ideen, die Potenzial haben, aber auch Risiken bergen bereitet.

Sicherheit geben

„Ich sehe es als eine meiner Hauptaufgaben, Konflikte anzusprechen und zu lösen", erklärt Leo. Fragen stellen und das Abgleichen der Antworten mit der persönlichen Wahrnehmung ist der Start zur Teamkonfliktlösung. Danach werden Entscheidungen getroffen und nächste Schritte festgelegt. Bei diesem Prozess werden nicht immer alle zufriedengestellt. Aber auch die enttäuschten Personen können besser nachvollziehen, warum die Entscheidung getroffen wurde. Transparenz und Verlässlichkeit erfolgt über die Information der nächsten Schritte. Dieser offene und vertrauensvolle Raum ist ein weiterer Vertrauensbaustein im Teambuilding.

Jeder hat das Recht, so zu sein, wie er will, aber das bedeutet nicht, dass jeder in jedem Projekt die optimale Besetzung ist, ist Leos Meinung. Es ist wichtig, zwischen verschiedenen Situationen zu differenzieren. „Durch Lernkultur, Konfliktmanagement und Vertrauen schaffen wir eine robuste Innovationskultur, die sowohl innere Stabilität als auch äußere Anpassungsfähigkeit ermöglicht", ist sich Leo sicher. Durch bewusste Wertschätzung, respektvollen Umgang und Fehlertoleranz wird versucht, ein konstruktives, angstfreies Arbeitsklima zu schaffen. So können die Mitarbeiter ihr unerschlossenes Potenzial entfalten und die Organisation erreicht ein neues Level. Die freigesetzte Kreativität schlägt sich umgehend in der Innovationsfähigkeit der Organisation nieder.

Change yourself – change the world

Gandhis Motto ist für Leo reiner Pragmatismus: „Ohne das Bewusstsein, dass man sich selbst ändern muss, wird nichts geschehen." Das wäre das Kernthema in der Organisationsentwicklung. Denn wenn die Änderung nicht bei einem selbst hervorgerufen wird, wird sie nicht Fuß fassen. Mit Bewusstseinsbildung ist es möglich, diesen Prozess anzustoßen, aber letztlich müssen die Verantwortlichen, wenn sie etwas ändern wollen, diesen Weg

selbst gehen. Vor allem das Management wird unglaubwürdig, wenn den Worten keine authentischen Taten folgen. In der Organisation erzeugt ein solches Verhalten Unsicherheit. Wenn die Strategien nicht mit einem klaren Set an Maßnahmen umgesetzt werden, ist auch kein Engagement von den Mitarbeitern zu erwarten. „Walk the talk" ist die Devise.

4

Raj
Sisodia

ist Bestsellerautor der Harvard Business Review Press
und Professor für Global Business und Whole Foods Market
Research Scholar in Conscious Capitalism an der Babson
College School of Business in Massachusetts, USA. Er ist
Mitbegründer des Conscious Capitalism Movement. Raj
berät Unternehmen in Fragen des bewussten und nachhaltigen Wirtschaftens. Seine Arbeit zielt darauf ab, Unternehmen zu zeigen, wie sie wirtschaftlich erfolgreich sein und
gleichzeitig einen positiven Einfluss auf die Gesellschaft
und die Umwelt haben können.

Conscious
Capitalism

Man könnte sagen, dass wir eine gewisse Zeit lang die Folgen unseres Handelns nicht kannten. Vor 150 bis 200 Jahren waren die Auswirkungen für die Umwelt zwar sichtbar, aber der weltweite Zusammenhang noch nicht bekannt. „Doch in den vergangenen 50 Jahren sind uns die Konsequenzen bekannt geworden", sagt Raj. Die Änderung des Klimas ist nichts, was vor fünf Jahren entdeckt wurde. Man spricht darüber seit über 50 Jahren.

> **„ Ich glaube, wir Menschen haben die Tendenz, unbequeme Wahrheiten zu ignorieren."**

Das Artensterben, der Klimawandel, das werden existenzielle Fragen für die Menschheit. Einstein sagte einst: Wenn die Bienen verschwinden, würden die Menschen fünf Jahre später verschwinden. Wir wissen, dass das leider stimmt. Insekten und viele andere Spezies verschwinden rapide, damit fehlen Teile in unserem Ökosystem, die aufgrund ihrer Verknüpfung weitere Teile funktionsunfähig machen. Und natürlich wird der Klimawandel zwangsläufig zu erheblichen Beeinträchtigungen in vielen Bereichen führen. „Wir sehen massive Warnsignale, die wir gerade noch rechtzeitig beachten", hofft Raj.

Die Auswirkungen der Klimaveränderung werden uns in gewisser Weise dazu zwingen, radikale Veränderungen in einer Geschwin-

digkeit umzusetzen, die wir normalerweise nicht an den Tag legen würden. Und diese Geschwindigkeit braucht eine andere Struktur, ein erweitertes Denken und die Entscheidungsstärke, für eine Verbesserung einzutreten.

„ Things happen for us not to us."

Eine attraktive Alternative
zum Status quo schaffen

„Der Kapitalismus der freien Marktwirtschaft ist das mächtigste
System für soziale Zusammenarbeit und menschlichen Fortschritt,
das je erdacht wurde. Er ist eine der überzeugendsten Ideen, die
wir Menschen je hatten. Und wir können nach noch mehr streben",
sagt Raj Sisodia, Professor am Babson College.

Die Philosophie des Conscious Capitalism Movements beruht auf
der Überzeugung, dass eine erweiterte Form des Kapitalismus die
Unternehmensleistung steigern und gleichzeitig die Lebensqualität von Milliarden von Menschen verbessern kann. 2009 wurde
dazu die Non-Profit-Organisation Conscious Capitalism Inc. von

Raj mitgegründet, die mittlerweile Hunderte von Unternehmen umfasst. Das CCI-Netzwerk bietet Zugang zu Ideen und Use Cases, um Unternehmer und Führungskräfte zu unterstützen, ihre Organisation zu verbessern.

Diese bewusste Art des Wirtschaftens baut auf den bekannten Grundlagen von Kapitalismus auf:

+ dem freiwilligen Tausch von Waren und Dienstleistungen,
+ auf Unternehmertum,
+ auf dem Wettbewerb,
+ auf der Handelsfreiheit und
+ der Rechtsstaatlichkeit.

Diese Basisvoraussetzungen sind die Grundpfeiler für eine gesunde, funktionierende Wirtschaft. Das Conscious Capitalism-Konzept ergänzt diese Elemente um ein bewusst kultiviertes Wertesystem.

Es beinhaltet:

> Vertrauen,
> Empathie,
> den Willen zur Zusammenarbeit und
> die Verantwortung für die Wertschöpfung

als integrale Bestandteile der Unternehmensziele.

Was heißt das genau?

Die Hebel von Unternehmen sind enorm. Die wirtschaftliche Kraft, die hinter Unternehmen als Produzenten, Dienstleistern und Arbeitgebern steht, ist ebenso groß wie das Potenzial, Missstände in der Welt zu verursachen.

Conscious Capitalism ist eine Einladung zur Reflexion und des Handelns. In einem ersten Schritt darüber nachzudenken, warum das eigene Unternehmen überhaupt existiert. Und gleich danach, wie es neben dem wirtschaftlichen Ziel einen relevanten Nutzen für die Welt schaffen kann.

Das Konzept beruht auf vier ineinander verwobenen Säulen, die einander verstärken: einem übergeordneten Sinn – dem Purpose, der Integration aller Interessengruppen, einem bewussten Führungsstil, der die erweiterten Ziele nicht aus den Augen verliert, und der kuratierten Förderung einer bewussten Unternehmenskultur, die weit über die Unternehmensgrenzen in das Ökosystem ausstrahlt.

Unternehmenszweck

Im Purpose wird der wahre Grund für die Existenz des Unternehmens erkannt. Fragen wie: „Welche anderen Gründe als Gewinnerzielung gibt es für die Existenz des Unternehmens?", werden beantwortet. Wenn ein Unternehmen einen Beitrag zum Fortschritt der Menschheit leisten möchte, ist ein tiefgreifendes Verständnis des Unternehmenszwecks unerlässlich. Ohne diesen gibt es keinen Nordstern, kein übergeordnetes Ziel, das die Orientierung gibt.

Stakeholder-Integration

Die Erweiterung der Unternehmensziele über die Gewinnmaximierung hinaus bedeutet die Integration der Bedürfnisse aller Beteiligten des Unternehmensökosystems. In Anerkennung der wechselseitigen Abhängigkeit der menschlichen Grundlagen der Wirtschaft schafft das Unternehmen mit und für seine verschiedenen Interessengruppen ein Wertesystem, das alle Stakeholder und ihre Interessen anerkennt.

Die Anliegen

+ des Unternehmens,
+ der Kund:innen,
+ der Mitarbeiter:innen,
+ der Investierenden,
+ der Lieferunternehmen,
+ der Gemeinden und
+ die der Umwelt, die nicht
  für sich selbst sprechen kann,

werden verknüpft und berücksichtigt.

Conscious Leadership – from Leader to Legacy Builder

Der bewusste Führungsansatz versteht den tieferen Sinn des Unternehmens. Führungspersonen entwickeln authentische Werte, die mit dem Unternehmenssinn übereinstimmen und bringen feinfühlig und mit Geschick die Interessen aller Beteiligten in Einklang. Sie erkennen die integrale Rolle der Kultur und fördern gezielt eine bewusste Unternehmenskultur. Die dichten, unverfälschten und gelebten Unternehmenswerte und der übergeordnete Unternehmenszweck schaffen Strahlkraft, eine Einheit und ein gemeinsames Ziel aller Beteiligten, das nicht nur den Gewinn steigert, sondern auch langfristig die Marke stärkt. Kund:innen beziehen gerne Produkte oder Leistungen von Unternehmen, die glaubwürdig ihre Ideale verkörpern. Lieferanten arbeiten lieber mit vertrauenswürdigen, ethisch orientierten Unternehmen zusammen.

Conscious Culture

Die Unternehmenskultur prägt die Werte, Grundsätze, Praktiken, die dem sozialen Gefüge eines Unternehmens zugrunde liegt. Sie durchdringt die Atmosphäre des Unternehmens und dessen Interessengruppen und verbindet die Menschen und die Prozesse, die das Unternehmen ausmachen. Alle Unternehmen haben eine Kultur, aber nicht alle Unternehmen entwickeln gezielt eine Kultur, die ihre Werte und ihren Unternehmenssinn fördert.

Schöne Worte, aber kann ein solches Konzept rentabel sein?

Viele erfahrene Manager und Unternehmer empfinden den Wachstumsdruck und die Konkurrenzbelastung unter dem Unternehmen stehen eher als Kriegsgebiet, als einen Ort, an dem auch an einem gesellschaftlich wertvollen, größeren Kontext gearbeitet wird. Allein die Sprache, die verwendet wird, erinnert oft an Generäle, die mit ihren Mitabeiter:innen in den Krieg ziehen. Der „War for Talents", das Ziel „Marktanteile zu erobern", etc. schüren eher das Gefühl des einsamen Kämpfers als der Arbeit an einer gemeinsamen Idee.

Die Antwort auf die berechtigte Frage ist dennoch: Ja. „Wir haben in den vergangenen Jahrzehnten den Erfolg von Unternehmen, die sich wirklich für das Allgemeinwohl einsetzen, immer häufiger erlebt", sagt der Professor und geht mit seiner wissenschaftlichen Expertise sogar noch weiter.

„ Wir würden sagen, dass Conscious Capitalism nicht nur profitabel sein kann, sondern dass er in Zukunft einer der bestimmenden Mechanismen für Profit sein wird."

Unternehmen als Sinnstifter

Ohne Purpose kein engagiertes Arbeiten, keine glücklichen Mitarbeiter:innen und dadurch mäßiger Output – davon sind Personalmanager:innen, CEOs und auch die Mitarbeiter:innen überzeugt. Und sie haben recht. Die tägliche Arbeit muss ein sinnstiftendes Element beinhalten und sollte im besten Fall mit den Werten und Talenten der beschäftigten Personen überein-

stimmen. „Just do it" mag als Ansporn dienen, den inneren Schweinehund beim Work-out zu überwinden, im Arbeitsleben gehen sich solche Anforderungen nicht mehr aus. Sogar die unangenehmen, monotonen oder lästigen Aufgaben, die in fast jedem Arbeitsbereich zeitweilig vorkommen, werden mit einer gewissen Leichtigkeit erledigt, wenn sie einem nachvollziehbaren höheren Nutzen als der schieren Geldbeschaffung zum Bezahlen der Lebenskosten folgen.

Unternehmen sollen also als Sinnstifter unterwegs sein und verwechseln manchmal Sinn mit Benefits. Die Karotten der Bonus-auszahlung, Homeoffice, der sechsten Urlaubswoche, der Kicker-tisch im Büro und der Obstkorb werden in vielen Unternehmen angeboten. Das sind schöne Maßnahmen, die die Wertschätzung der Mitarbeiter ausdrücken. Sie ersetzen aber nicht die intrinsische Motivation, die entsteht, wenn ein tieferer Sinn der Treiber ist. Erst durch den gemeinsamen Purpose wird Mehrwert für alle Beteiligten geschaffen: physisch, ökologisch, sozial, wirtschaftlich, kulturell, emotional, ethisch und sogar spirituell.

> **Das eigene Schaffen als etwas Sinnvolles zu empfinden, das bedeutsam ist für andere und im besten Fall zum Wohl der Gesamtgesellschaft und vielleicht auch zur Verbesserung der Welt beiträgt."**

Die Forschungsergebnisse geben dem Konzept recht. Die Daten, die Raj auswertete, zeigen, dass Unternehmen, die sich an den Prinzipien des Conscious Capitalism orientieren, auch wirtschaftlich erfolgreich sind. In seinen Auswertungen verglich er die Renditen von Conscious Capitalism-orientierten Unternehmen mit denen des S&P 500 über zehn Jahre. Das Ergebnis: Erstere erzielten eine vielfach höhere Rendite im gleichen Zeitraum.

Wie ist das möglich?

Ethische Ziele sind stärker als andere. Sie sind anregend und inspirieren alle Beteiligten. Die Wirtschaft unterscheidet sich nicht von allen anderen menschlichen Bereichen, sagt Raj. Die gleichen Ideale, die Kunst, Wissenschaft, Bildung und Politik beflügeln können, sie können auch die Wirtschaft beflügeln.

Die Ideale des „Guten", „Wahren" und „Schönen" wurden vom griechischen Philosophen Plato 330 v. Chr. formuliert. Seit Tausenden von Jahren wird die Menschheit von diesen Idealen inspiriert und motiviert. Conscious Capitalism fügte diesen Idealen das „Heroische" hinzu, um den Rahmen höherer Ideale zu vervollständigen, die nach seiner Meinung die meisten großen Unternehmen zum Ausdruck bringen wollen.

Das Gute

Raj definiert diesen Zweck als „Geschäfte oder Unternehmen, die durch den Dienst am Menschen und die Fürsorge für andere motiviert sind". Authentischer Dienst basiert auf Einfühlungsvermögen in die Bedürfnisse und Wünsche anderer. Echte Empathie führt zur Entwicklung und zum Wachstum von Interesse am Wohlergehen anderer, von Fürsorge und Mitgefühl. Großartige Unternehmen, die sich dem Guten verschrieben haben, erhöhen die emotionale Intelligenz ihrer Organisation, sodass sie Verbundenheit und Empathie gegenüber Kunden, Teammitgliedern und der größeren Gemeinschaft nähren und fördern.
Jede Art von Unternehmen kann durch den tieferen Zweck des Dienstes am nächsten motiviert sein. Raj stellte in seiner Forschung jedoch fest, dass Mitarbeiter:innen in Dienstleistungsunternehmen, deren Geschäft per se schon mit dem Wohlergehen der Kunden verknüpft ist, sich diesem Zweck am ehesten mit ganzem Herzen widmen.

Aus den vielen Unternehmen und Organisation, ob profitorientiert oder non-profit, non-governmental oder staatlich, die die Welt kontinuierlich und nachhaltig besser machen, möchten wir ein wunderbares Beispiel anführen: es ist die Lebenshilfe Tirol. Eine beherzte Wegbegleiterin von Menschen mit Behinderungen zu einem barrierefreien, selbstbestimmten und erfüllten Leben. Am 13. August 2023 wurde die Organisation 60 Jahre alt und ist unter den Top 10 der größten Arbeitgeber in Tirol. 2022 gewann die Lebenshilfe Tirol den Sonderpreis der Jury des SUCCUS ICEBERG innovation leadership award und zwar mit dem Projekt „Bunter Lebenshilfe Wald". „Ein klimafitter Wald ist für uns alle Lebensgrundlage. Daher pflanzt die Lebenshilfe in Kooperation mit dem Tiroler Forstverein und den Bezirksforstinspektionen in ganz Tirol mit großer Freude Bäume und tritt damit als Organisation für eine gerechte, solidarische, ökologisch und sozial nachhaltige Welt ein", erklärt Georg Willeit, Geschäftsführung Lebenshilfe Tirol, das Projekt.

Das Wahre

Den zweiten Sinn definiert der Babson Professor als „die Begeisterung für Entdeckungen und das Streben nach Wissen". Er umfasst Tätigkeiten, die das Wissen auf der Welt erweitern und dadurch den Fortschritt der kollektiven Erkenntnis der Menschheit vorantreiben. Die Ergebnisse oder Produkte, die aus diesem Wissen entstehen, verbessern die Lebensqualität der Menschen, senken die Lebenshaltungskosten oder ermöglichen ein gesünderes und erfüllteres Leben.

Dieses große Ziel steht im Mittelpunkt einiger der kreativsten und dynamischsten Unternehmen der heutigen Zeit. Als Beispiel führen wir Boehringer Ingelheim an. Das Unternehmen hat den Wunsch, der Menschheit zu dienen, indem es die Gesundheit von Menschen und Tieren verbessert. Als Familienunternehmen wird in Generationen geplant. „Wir arbeiten auf eine nachhaltigere und bessere Zukunft für die kommenden Generationen hin. Unser Engagement für nachhaltige Entwicklung ist fest in unserer Unternehmenskultur verankert – bereits seit über 130 Jahren." lautet die Beschreibung des Purpose in Österreich. Das Top Employers

Institute zeichnete Boehringer Ingelheim 2023 zum dritten Mal in Folge als „Global Top Employer" aus und würdigt damit das Unternehmen als einen der elf besten Arbeitgeber der Welt.

Das Schöne

Der dritte große Sinn lässt sich in der Wirtschaft am besten durch „die Suche nach Schönheit, Exzellenz und das Streben nach Perfektion" ausdrücken. „Das Schöne" wird im Allgemeinen als kreatives Ergebnis von Künstlern erfahren. In Unternehmen drückt es sich durch die mächtige Zielsetzung aus, Perfektion in ihrem gewählten Bereich zu erreichen. Wenn es um schönes Design und benutzerfreundliche Innovation geht, kommt man an Apple nicht vorbei. Weniger bekannt ist, dass Apple-Produkte in der Anfangszeit Übereinstimmungen mit Produkten aufweisen, die von dem deutschen Industriedesigner Dieter Rams entworfen wurden. So weist das Transistorradio T3 von Braun Ähnlichkeiten

mit dem ersten iPod von Apple auf.[11] Apple-Chefdesigner Jonathan
Ive bedankte sich auch bei Rams für dessen Inspiration.[12]

Das Heroische

Diese Unternehmen streben danach, die Welt zum Besseren zu
verändern. Natürlich verändern auch Unternehmen, die das Gute,
Wahre und Schöne verfolgen, die Welt zum Besseren. Heroische
Unternehmen zeichnen sich jedoch oft durch ungewöhnlichen
moralischen Mut und eine besondere Absicht aus.

Ein heldenhaftes Unternehmen geht Risiken ein, hält angesichts
enormer Widrigkeiten durch und bewahrt und vertieft dabei seine
menschlichen Qualitäten. Alles im Dienst einer spürbaren Veränderung der Welt zum Besseren. „Es gibt nicht den ‚richtigen' Sinn
für Unternehmen. Jedes Unternehmen muss danach streben, den
Zweck zu erfüllen, der in seiner eigenen kollektiven DNA steckt",
erläutert Raj.

In diesem Buch findest du Unternehmen und Organisationen, die
Wege ähnlich den Prinzipen des Conscious Capitalism beschreiten
und bewusst Änderungen vorantreiben, die einem größeren Ganzen und nicht nur der Gewinnmaximierung dienen:

+ Reckhaus: Ein Insektenvernichter wird zum heroischen
  Verfechter und Unterstützer von Biodiversität.
+ STRABAG: Ein Bauunternehmen und Großemittent schafft
  Bewusstsein und fördert Innovationen für Nachhaltigkeit.
+ Greiner Packaging: Ein Verpackungsunternehmen entwickelt
  in einem tiefgreifenden Prozess die Unternehmenskultur.
+ ESIL: Ein israelischer Accelerator investiert ausschließlich in
  Climate-Tech Start-ups.
+ AVL: Ein weltweit führendes Mobilitätstechnologieunter-
  nehmen löst in einem Spezialprogramm Herausforderungen
  im Energiesektor.

" The more we grow
in consciousness and
thus in financial success
the more we can impact
and serve others.
And from that, again,
we grow further."

+ Climate Lab: Ein öffentlich geförderter Ort der Begegnung hat als Ziel, durch eine ausgesuchte Zusammenstellung von Experten aus der Wirtschaft und Wissenschaft, Unternehmen auf dem Weg in die Kreislaufwirtschaft zu begleiten.
+ Cargo sous terrain: Ein Schweizer Mega-Projekt soll den Warenverkehr unterirdisch und autonom ermöglichen.
+ ServiceSpace: Ein Netzwerk der Geschenkökonomie wacht über die ethischen Auswirkungen von künstlicher Intelligenz.

Große Unternehmen haben große Ziele. Wenn es gelingt, sie zu erreichen, werden sie zu unbezahlbaren Geschenken für die ganze Welt.

5

Manfred Stanek

ist seit 2023 COO und Vorstandsmitglied der Greiner AG. Er verfügt über mehr als 25 Jahre internationale Führungserfahrung (u. a. in den USA und Brasilien) mit Fokus auf Sales, Marketing und strategischer Geschäftsentwicklung. Vor seinem Wechsel in den Vorstand war er sechs Jahre lang CEO der Greiner Packaging, die Kunststoffverpackungen im Food- und Non-Food-Bereich produziert und weltweit mehr als 4.900 Mitarbeiter:innen beschäftigt. Davor arbeitete Manfred in verschiedenen Führungspositionen beim US-amerikanischen Aluminiumkonzern Novelis und leitete als CEO den Zinkproduzenten U.S. Zinc.

Greiner
Packaging
im Wandel

„Culture eats Strategy for Breakfast."

Peter Drucker

Peter Druckers Erkenntnis war schon vielzählige Male der Todesstoß für die besten und ausgeklügeltsten Geschäftsstrategien. Unzählige Businessmodelle prallten elegant und leichtfüßig an Unternehmenskulturen ab, mannigfache Karrieren wurden danach zu Grabe getragen. Die Firmenkultur und ihre unausgesprochenen Regeln bieten manchmal Widerstände, die sich der schärfste Konkurrent nicht ausdenken könnte. Zahlen, Daten und Fakten sind oft machtlos gegen die eindrucksvolle Resilienz einer Gruppe. Kulturelle Veränderungen in Unternehmen erfolgreich umzusetzen, ist eine der schwierigsten Aufgaben, die Führungskräfte bewältigen müssen, und nicht immer kommt es zum Durchbruch.

Kulturveränderung ist ein Marathon, kein Sprint

Es gibt keine Quick-Wins in diesem Spiel, sich mit schnellen Erfolgen schmücken funktioniert bei fundamentalen Änderungen nicht. Langer Atem, echte Hingabe und wahrer Glaube an den Erfolg, gemischt mit Durchhaltevermögen und Einfühlsamkeit, sind die Eigenschaften, die benötigt werden, um eine kulturelle Änderung zu bewerkstelligen. Doch wenn die Veränderung vollzogen ist, wird die Qualität in der Zusammenarbeit nicht nur atemberaubend, auch die Geschäftszahlen schießen in die Höhe.

„Wir wollen in der Kunststoffindustrie etwas ändern", war man sich im Vorstand der Unternehmensgruppe Greiner einig. Die österreichische Greiner AG (eine nicht börsennotierte Aktiengesellschaft) ist ein weltweit führendes Unternehmen für Kunststoff- und Schaumstofflösungen und beschäftigt 11.600 Menschen in 34 Ländern. Konkret wollte man in der Sparte Greiner Packaging einen Change-Prozess anstoßen. Die Performance des Unternehmens konnte mit dem Wettbewerb nicht mithalten. Dafür waren neue Akzente nötig, – so wurde Manfred Stanek ins Unternehmen gebeten.

„Meine Mission war von Anfang an klar: Veränderung hervorrufen und die Profitabilität steigern", sagt Manfred, mittlerweile Vorstand und COO von Greiner. Als er 2016, damals noch als CEO von Greiner Packaging, ins Unternehmen gerufen wurde, sollte er das 5.000 Mitarbeiterunternehmen durch gezielte Veränderungsprozesse führen, fit für neue Aufgaben und später auch für die Einführung zirkulärer Prozesse machen.

„ Kultur ist etwas, das lebt."

Das anzuerkennen war der erste wichtige Schritt, weiß Manfred und begab sich auf die Reise, die manchmal mit einem Spaziergang und manchmal mit der Fahrt auf dem Rollercoaster zu vergleichen war. Auf jeden Fall war es kein Wochenendtrip – bis zum erfolgreichen Abschluss dauerte es drei Jahre und umfasste gezielte Maßnahmen und fundamentale Erfahrungen als Unternehmen und auch als Person.

Schritte im Prozess:

> Bestandsaufnahme – den guten, gesunden, freudvollen Kern der Kultur des Unternehmens erkennen und von ersessenem Alltag und unzeitmäßigen Gewohnheiten trennen.
> „Find your Purpose" – sinnvolle Gründe für die Änderung geben.
> Authentisch und beständig diesen Gründen folgen.
> Entscheidungen in der Umsetzung den Mitarbeitern überlassen.
> Methoden zur Manifestation der Veränderung, wie neue Zielvereinbarungen, einführen.
> Widerstände überwinden.
> „The trick is in the mix" – neue Leute bringen neue Perspektiven.
> Motivation durch Erfolge schüren.
> Überwindung der Talsohle.
> Durchleben eines Zyklus – dem Zeitfaktor eine Chance geben.
> Den Flow genießen.

> **Ich kam in ein Unternehmen mit einer überwiegend positiven Kultur. Vernünftige Kommunikation und gemeinsame Werte haben uns damals schon ausgezeichnet.“**

Die Spreu vom Weizen trennen

Ein halbes Jahr hatte er sich mit der Bestandsaufnahme be-schäftigt. Anerkannt, was über Jahrzehnte geschaffen wurde, Kundenstimmen analysiert, das Verhältnis zu den Stakeholdern durchleuchtet, die Funktionalitäten des Markts evaluiert und das Gesamtökosystem, Lieferanten, Partner, Eigentümer, Mit-arbeiter untersucht sowie Stärken und Schwächen aufgedeckt und Blockaden identifiziert.

> **„** Sich die Zeit zu nehmen, aufmerksam zuzuhören, war ein entscheidender Faktor für den Erfolg."

Einige Ansätze mit Änderungspotenzial sieht man natürlich sofort, andere entpuppen sich nach den ersten 60 oder 90 Tagen, erklärt der COO seinen Prozess.

Kulturänderung benötigt einen Purpose

Der triftige Grund schafft die Einsicht zur Veränderung, erklärt Manfred. „Den benötigt man für das eigene Handeln genauso wie die Mitarbeiter wissen wollen, warum sich etwas ändert", ist seine Erfahrung. Ein Purpose kann z. B. die Veränderung in Richtung Circular Economy sein. Das ist ein stichhaltiger Grund, gerade in der Kunststoffindustrie kann man viele Leute gewinnen, die daran mitarbeiten und Teil der Lösung sein wollen. Es gibt auch andere Gründe. Z. B. „Wir wollen profitabler sein." Das ist kein schlechter Grund für ein Unternehmen, das betriebswirtschaftlich geführt wird, für viele Mitarbeitenden vielleicht nicht der größte Treiber, weil sie an der Profitabilität nicht teilhaben, da sie nicht Eigentümer sind.

Es gibt für Unternehmen eine Vielzahl an besseren und schlechteren Gründen. Aber ohne Grund wird keine Veränderung entstehen. Die Menschen folgen dem Purpose – wenn dieser nicht gegeben ist, bleibt das Ergebnis aus.

„Das ‚Warum‘
ist essenziell.“

Authentisch bei dem
gewählten Purpose bleiben

Ein Purpose ist keine Eintagsfliege. Er sollte ein übergeordnetes Ziel definieren, an dem sich das Unternehmen langfristig orientiert. „Es gibt Unternehmen, die ihren Purpose halbjährlich ändern, teilweise weil ein neuer Geschäftsführer ins Boot geholt wird, teilweise weil sich kurzfristig die wirtschaftliche Situation ändert", erzählt Manfred. Natürlich wird man sich an den wirtschaftlichen Gegebenheiten orientieren, dieses Vorgehen als übergeordnete Sinnstiftung zu bezeichnen ist aber nicht zielführend. Heute „Hü" morgen „Hott" – bei ständigem Wechsel steigen die Mitarbeiter aus und versuchen nur mehr, den aktuellen Purpose zu überleben. Kurzfristige Purposewechsel sind nicht nur unglaubwürdig, sondern führen zu Vertrauensverlust und Disengagement.
„Der Purpose ist die Basis, auf der man mit verschiedenen Instrumenten aufbauen kann, er hat für mich die größte Hebelwirkung im Veränderungsprozess", spricht der Greiner Vorstand aus Erfahrung.

Greiner Gründe –
wie wurden sie gefunden?

„Wir sind ein Kunststoffunternehmen und Plastik ist nicht sexy", so Manfred „und zwar schon seit einiger Zeit". Greiner Packaging hatte seit 2017 mit negativer Berichterstattung zu kämpfen, mit der Veröffentlichung der Plastikstrategie der Europäischen Kommission im Jänner 2018 war auf einmal klar, dass der Weg in die Kreislaufwirtschaft führt. Diese Vorgaben gaben dem Unternehmen Orientierung und formten die Entscheidung, einen Wandel Richtung Zirkularität zu vollziehen. Damals war das wirtschaftliche Modell von Greiner Packaging linear ausgerichtet, Rohstoffe von erdölbasierten Unternehmen wurden erworben und in Verpackungsmaterial umgewandelt. Das Ergebnis verkaufte die Firma an Unternehmen wie Nestlé, Henkel oder viele Molkereien, mit

denen der Kunststoffhersteller arbeitet. Und dann? Dann küm-
merte man sich nicht mehr um das Produkt. Was die Kunden,
respektive die Endverbraucher, mit dem Produkt machten, hat
uns nicht betroffen, ist Manfreds Erläuterung.

Doch diese Strategie hat sich diametral geändert. Heute werden
Kreisläufe analysiert und definiert, wo sich die Rolle des Unternehmens im Kreislauf befindet. Fragen wie „Mit welchen Partnern
müssen wir im Kreislauf zusammenarbeiten?", werden ausgearbei-
tet. Manche Partner befinden sich in der Wertschöpfungskette
gar nicht einen Schritt davor oder danach, sondern sind vielleicht
drei Schritte entfernt. Es wird überlegt, welche neuen, wiederver-
wertbaren Materialien verwendet werden können. Welche Arten
von Rezyklaten sich für welche Verpackungen eignen und für
welche Branchen sie zugelassen sind. Die innere Ausrichtung und
das Ziel gaben ganz klar vor, mit welchen Themen sich das Unternehmen beschäftigen musste. Als Organisation ist die zweite Linse,
durch die wir unsere Geschäftstätigkeiten betrachten, natürlich
auch eine wirtschaftliche, sagt Manfred.

„Der Wandel in zirkuläre Prozesse schließt wirtschaftlichen Erfolg
nicht aus, im Gegenteil." Durch die Transformation erschließen
sich neue Businessmodelle. Der strategische Eintritt in die Recyc-
ling-Wertschöpfungskette etwa, der mit dem Kauf des serbischen
Herstellers von PET-Flakes, Alwag, eingeläutet wurde. Alte Businessmodelle oder Produkte verlieren ihre wirtschaftliche Attraktivität
und fallen weg. Generell schied das Unternehmen Produkte aus,
die man nicht wiederverwerten kann.

Farbe bekennen

Der Purpose war da. Und dann ging es in die Umsetzung. Den schönen Worten mussten nun auch Taten folgen und das hieß, dass der Arbeitsalltag umgestellt wurde. Langjährige Produktionsprozesse wurden geändert, das bedeutet andere Maschinen, neue Materialien, andere Ausführung der Tätigkeiten etc. Was waren die Erfahrungen bei Greiner Packaging? Wie konnte man den Gedankenschwenk in den Köpfen der Mitarbeiter verhaften?

Eine Maßnahme war die Einführung von Zielprozessen, erklärt Manfred, wir bedienten uns der X-Matrix. Sie ist ein Planungswerkzeug der Hoshin-Kanri-Methode. Damit wurden Zielkaskaden für alle Führungskräfte und für Mitarbeiter im Unternehmen aufgebaut. Gestartet wird mit der Definition von Break-through-Zielen (Zielen, die die DNA des Unternehmens verändern). Das sind meist langfristige Ziele. Der nächste Schritt ist die Festlegung der Meilensteine, die im nächsten Jahr z. B. auf die Breakthrough-Ziele einzahlen. Diese werden auf die einzelnen Abteilungen heruntergebrochen, mit den persönlichen Zielen der Mitarbeiter:innen verknüpft und zusätzlich quer durch das Unternehmen verwoben.

Die Aufnahme des Unternehmenspurpose in die persönlichen Jahresziele und die abteilungsübergreifende Verknüpfung löste bei Greiner Packaging eine starke Dynamik aus. Der Purpose war plötzlich etwas, der alle Mitarbeiter anging und nicht nur ein paar schöne, aber folgenlose Worte auf der Firmenwebsite.

Widerstände überwinden

Nicht alle haben „Hurra!" geschrien, als der Veränderungsprozess anfing zu greifen. Widerstände gibt es natürlich, sagt Manfred. Da kommen alle tiefst verankerten menschlichen Reaktionen zutage. Viele Leute warten ab, ob und was denn jetzt geschieht.

> **Konsistenz, Authentizität und Hartnäckigkeit waren die wichtigsten Maßnahmen, um Widerstände zu überwinden."**

Danach wird geschaut, was der Nachbar macht und als nächstes getestet, ob die Maßnahmen wirklich ernst genommen werden. Das ist nicht überraschend, sondern es sind normale Reaktionen im Change-Prozess. Wichtig ist daher, authentisch zu sein und die Ziele auch zu leben, so Manfred. Blockaden muss man ansprechen und lösen. Gespräche halfen, das Verankern des Purpose in den Zielvereinbarungen löste einige Blockaden, wir holten auch neue Personen ins Unternehmen, erklärt der COO seine Vorgangsweise. Durch die Umstellung mussten wir neue Kompetenzen aufbauen und neue Mitarbeiter einstellen. Diese hinterfragen Langzeitprozesse und bringen neue Perspektiven und neues Denken mit. Das allein löst viele Blockaden. Leider musste sich das Unternehmen aber auch von Mitarbeitern trennen, die sich mit den Veränderungen nicht wohlfühlten.

Bei Werten und Führungsverhalten Pflöcke einschlagen

„Kompromisslos bin ich nur bei den zentralen Unternehmenswerten und der Art, wie man miteinander umgeht", sagt Manfred. „Entscheidungen sollten dort getroffen werden, wo die Kompetenzen liegen."

Wenn der Purpose im Unternehmen feststeht, dann ist die Umsetzung Sache der Mitarbeitenden. Wie sie diesen Purpose umsetzen, liegt in ihrem Entscheidungsbereich. Vor allem wenn die Mitarbeiter:innen den Unternehmenspurpose mit ihrer Zielvereinbarung verknüpft haben. Die meiste Expertise liegt klarerweise auf fachlicher Ebene. „Niemand kennt z. B. unsere Lieferanten so gut wie unser Einkaufsleiter. Das heißt, ich muss nicht die Entscheidungen für unser Einkaufsteam treffen", sagt der COO, „das mache ich nicht und dafür stehe ich auch nicht."

Partizipative Entscheidungen

Für erfolgreiche Änderungen war es essenziel für die Mitarbeitenden, Anteil an der Entscheidung zu haben.

Fragen wie:
> Was wollen wir anders machen als in der Vergangenheit, um zu diesem Ziel zu kommen?
> Mit welchen Instrumenten können wir diese Ziele umsetzen?

wurden gestellt und gemeinsam beantwortet. „Das ‚Wie' war den Mitarbeiter:innen fast noch wichtiger als das ‚Was'", sagt Manfred. Denn das ‚Wie' bestimmt den täglichen Arbeitsablauf.

Low hanging fruits einsammeln

Erfolge stärken die Moral und das Vertrauen. Um Veränderung hervorzurufen, hat man viele Baustellen und kann eigentlich zehn Projekte gleichzeitig anfangen, sagt der COO. In delikaten Prozessen ist es aber wichtig, die Projekte so zu priorisieren, dass die erste Wirksamkeit schnell sichtbar ist. Die „Safe bet" ist am Beginn angesagt. Einfache Projekte schnell umzusetzen und mit riskanteren oder längerfristigen Projekten später zu starten, hilft beim Erfolge feiern, erklärt Manfred seine Vorgangsweise. Es gibt viele Projekte, die wichtig sind, aber zeitlich nicht extrem kritisch. So verschoben wir zum Beispiel die Einführung eines neuen Customer-Relationship-Management-Tools um ein Jahr. In diesem Moment war die Entscheidung zwar schmerzhaft, weil wir unsere Prozesse besser managen wollten, aber damals konnten wir in einem entscheidenden Jahr unser Risiko minimieren, indem wir uns auf andere Dinge fokussierten.

Talsohlen und kritische Punkte

Change-Prozesse sind daher so gewagt, weil der Erfolg nicht immer gegeben ist. Und die Umsetzung ist keine gerade Linie. Es gibt Projektphasen, in der der Ausgang unklar ist. „Am Ende des 20. Monats des Veränderungsprozesses gab es schwierige Entscheidungen, darunter auch Personalentscheidungen, die ich treffen musste", beschreibt Manfred den Verlauf. Diese Entscheidungen waren für das Unternehmen, die Organisation, die Mitarbeitenden und für ihn als Führungskraft schwierig. „Es gab einen Kipppunkt, an dem ich dachte, dass viele das Vertrauen verloren hatten und nicht mehr sicher waren, ob der Weg auch der richtige war", berichtet er. „Ich selbst war einerseits davon überzeugt, dass die Strategie richtig war, andererseits wurde mir klar, dass mir die Übertragung meiner Überzeugung auf das Unternehmen vielleicht nicht so gelungen war, wie ich es wollte." Diese Talsohle zu sehen, war ein wichtiger Prozess in der Entwicklung der Organisation und trug auch zu seiner Entwicklung als Führungspersönlichkeit bei. Heute ist er von der Wichtigkeit der Zyklen überzeugt. Denn das Unternehmen kam aus der Tiefphase heraus, die wirtschaftlichen Erfolge setzen, wie geplant, ein.

Der Zeitfaktor

Veränderung benötigt eine gewisse Zeit, um zu greifen. Es dauert nicht ewig, aber in sechs oder auch zwölf Monaten ist sie nicht fertig. Denn eine Veränderung muss, um erfolgreich zu sein,

verschiedene Zyklen durchleben. Früher sprach man von fünf bis sieben Jahren, mittlerweile sind die Zyklen auf drei bis fünf Jahre verkürzt. Doch diese Zeit müssen das Unternehmen und auch die Führungskräfte durchleben. Diese Daumenregel ist ein tiefes Learning aus dem Prozess. Den Zeitfaktor nicht zu unterschätzen und auch in der „dunklen Stunde" noch nicht die Reißleine zu ziehen, war ein wichtiger Teil des Projekterfolgs.

Im Flow

„Die Maßnahmen griffen letztendlich wie Zahnräder ineinander, und wir sind als Unternehmen in den Flow gekommen." Und plötzlich war es, als hätte man einen Schalter umgelegt. Der Veränderungsprozess war abgeschlossen und das Unternehmen verbuchte ein Rekordjahr nach dem anderen. Innerhalb von fünf Jahren steigerte Greiner Packaging den Umsatz um 30 Prozent und die Profitabilität um 90 Prozent.

Außerdem hatte man sich auf den Weg in die Kreislaufwirtschaft gemacht, es werden nur mehr recycelbare Materialien verwendet, und neue Geschäftsfelder wurden im Bereich Recycling erschlossen.

„ Im Flow anzukommen, war für mich als Skifahrer wie die perfekten Carving-Schwünge zu fahren."

Natürlich gäbe es auch heute noch Herausforderungen, so wie in allen Unternehmen, doch der Veränderungsprozess konnte als gelungen betrachtet werden. Der Change war vollzogen, die Maßnahmen umgesetzt und griffen, neue Businessmodelle kamen zum Tragen, die vielen neuen Personen waren integriert, und die Mitarbeitenden, die schon lange im Unternehmen waren und für die viele Umstellungen viel schwieriger waren, lebten die Veränderung.

„Diese Kurve gemeinsam gekratzt zu haben, war einfach ein schönes Erlebnis für alle und auch für mich."

6

Eva
Czernohorszky

leitet bei der Wirtschaftsagentur Wien die Abteilung
Technologie Services. Sie unterstützt Wiener Technologieunternehmen durch individuelle Beratung und die
Vernetzung mit potenziellen Entwicklungspartnern und
Leitkunden. Technologie-Awareness-Aktivitäten runden
das Portfolio ab, um bei jungen Menschen Begeisterung
für Forschung und Technologie zu wecken. Eva verant-
wortet die Partnerschaft zwischen Wirtschaftsagentur
Wien und Climate Lab und wirkt als Beirätin am Aufbau
des Climate Lab mit.

Climate Lab – Ecosystems at Work

D as Reiseziel ist klar: Die europäischen Vorgaben zur Klimaneutralität und die Nachweispflicht des CO_2-Fußabdrucks bringen alle Unternehmen zur Entwicklung Richtung Dekarbonisierung und Kreislaufwirtschaft. Bis 2040 will die Stadt Wien klimaneutral werden. Die tragende Rolle in diesem Unterfangen spielt dabei die Wiener Wirtschaft, es stehen viele tiefgreifende Veränderungen an. „Gute Lösungen können oft nur in Kooperation mehrerer Unternehmen gefunden werden", weiß Eva Czernohorszky, Leiterin der Technologie Services der Wirtschaftsagentur Wien. Die Zusammenarbeit zwischen Branchen verschiedener Disziplinen, zwischen Stadt, Wissenschaft, der Zivilgesellschaft und Unternehmen ist gefragter denn je.

„ Die Entwicklung von Antworten zu den Herausforderungen der Klimaneutralität hält ein Erfolg versprechendes Potenzial für die Wirtschaft."

Mit dem Schwerpunkt Klimaneutralität bereitet die Wirtschaftsagentur den Boden für die Umgestaltung der Wirtschaft und der Gesellschaft in eine klimaneutrale, nachhaltige Kreislaufwirtschaft. Unternehmen, die gerade in Richtung Zirkularität losstarten, erkennen recht schnell, dass sich an dem früheren Geschäftsgebaren etwas ändern muss, denn:

Keiner kann den Weg allein gehen.

Die ersten Schritte zur Zirkularität bedeuten in vielen Fällen die Messung des eigenen CO_2-Footprint. Die meisten Unternehmen stellen fest, dass sie ihre CO_2-Emissionen nicht allein messen können. Denn in vielen Branchen fällt ein Großteil der Emissionen nicht direkt im Unternehmen, sondern indirekt bei vor- oder nach-gelagerten Prozessen bzw. Lieferanten und Kunden an (Scope 3). Aufgrund von Berichtspflichten, wie der Corporate Sustainability Reporting Directive (CSRD), rücken diese indirekten Emissionen zunehmend in den Fokus, um den wahren Carbon-Footprint dar-zustellen.

Ökosysteme und Wertschöpfungs-
ketten an einem Tisch

Ein vollkommen neuer Austausch und eine andere Art der Abstimmung sind gefragt, denn die Stakeholder haben sich verändert
und erweitert. Um nachhaltige, effiziente Effekte zu erreichen,
arbeiten die Vertreter von Lieferketten, Wertschöpfungsketten
und Ökosystemen miteinander. Das Messen ist der Start der Reise,
aus den Messergebnissen können Businessmodelle kreiert werden.
Denn ohne neue, tragfähige Geschäftsmodelle sind strukturelle
Änderung zu mehr Kreislaufwirtschaft wirtschaftlich nicht sinnvoll.

> ## „ Der schnellste Weg, über eine Sache klar zu werden, ist das Gespräch."
>
> Friedrich Dürrenmatt

Neue Partner werden dazu gebraucht. Gedanken zu effektiven Prozessänderungen, zur Reduktion der CO_2-Emissionen, Veränderung des Produktdesigns oft kombiniert mit der Verarbeitung und Auswertung von Big Data, öffnen die Türe zu Gesprächen mit anderen Branchen. Viele Unternehmen sind auf der Suche nach Austausch, um das Feld der bisherigen Geschäftsbeziehungen zu erweitern.

Für diese Bedürfnisse ist das Climate Lab die Anlaufstelle. Menschen aus Unternehmen, aus der Verwaltung, aus der Wissenschaft und aus der Zivilgesellschaft zusammenzubringen, ist das erklärte Ziel der 2022 gegründeten Initiative. „Wir engagieren uns für Lösungen, die auf die Ziele Klimaneutralität und Kreislaufwirtschaft einzahlen. Die Hypothese hinter dem Climate Lab ist, dass dazu ein neuer Ort benötigt wird, an dem die Menschen sich anders begegnen", sagt Gebhard Ottacher, CEO des Climate Lab. Man schuf einen neutralen Ort, abseits der Regierung, der Wirtschaftskammer und der Arbeiterkammer. Initiatoren sind die Wirtschaftsagentur Wien, der Klima- und Energiefonds, das Klimaschutzministerium (BMK) gemeinsam mit Wien Energie, dem EIT Climate-KIC und dem Impact Hub.

Die Bewegung auf der Nadel sehen

... das ist das langfristige Ziel, das angesteuert wird. „Wir arbeiten mit großen Emittent:innen aus der Energiewirtschaft, der Mobilität und der Bauwirtschaft", sagt Gebhard, „denn das sind die Sektoren mit dem größten Potenzial zur Verringerung der globalen Treibhausgasemissionen." Wenn Unternehmen dieser Industrien nachhaltige Wege gehen, dann können sie ganze Branchen verändern. Innovationsabteilungen, Entwicklungsabteilungen und Nachhaltigkeitsabteilungen von Industrieunternehmen sind die Ansprechpartner:innen des Climate Lab.

Am richtigen Ort zur richtigen Zeit

„Wir vernetzen die geeigneten Partner und bringen sie ins Tun", sagt Gebhard. Manchmal ist die Innovationsleistung eines wendigen Start-ups gefragt, um für gewisse Bereiche Anwendungen zu finden. Manchmal liegt die Lösung in der Expertise von Branchen, mit denen Unternehmen bisher noch nie zusammengearbeitet haben. Und oft genug benötigt man den Regulator, denn durch die Vorgaben der EU haben sich die Anforderungen verändert, spricht Gebhard aus Erfahrung. Daher ist auch das BMK einer der größten Stakeholder, dessen Mitarbeiter:innnen an vielen Veranstaltungen teilnehmen.

Menschenzentrierte und zirkuläre Prinzipien leiteten die architektonische Umsetzung des Climate Lab. Die Möbel werden daher geleast, die Räumlichkeiten sind mit klimaneutralen Teppichen ausgelegt, in flexiblen Arbeits- und Veranstaltungsräumen, Gemeinschaftsküchen und Fokusräumen wird bewusst Austausch, Zusammenarbeit und Kreativität gefördert.

The Art of Hosting

Nicht nur die Gestaltung der Räume ist bewusst durchdacht, auch die Inhalte sind detailliert kuratiert, um die erfolgversprechendsten Resultate zu fördern. Gebhard und sein Team bedienen sich dabei der Methoden der „Art of Hosting". Einem effizienten

Weg, die kollektive Weisheit und die Fähigkeit zur Selbstorganisation von Gruppen zu nutzen. Die Methode verknüpft eine Reihe von kraftvollen Kommunikationsprozessen, innerhalb dieser die Teilnehmenden sich aktiv engagieren und schnell Verantwortung für Herausforderungen übernehmen. „Die Magic" – wie es Gebhard nennt, nämlich „das Gefühl, das entsteht, wenn unterschiedliche Menschen aufeinandertreffen und plötzlich Einigkeit empfinden, weil sie gemeinsame Möglichkeiten erkennen und ein Ziel verfolgen", entsteht in kuratierten Austauschprozessen, die das Kernstück des Climate Lab repräsentieren.

„ Wir holen die Teilnehmenden schnell aus der komfortablen, passiven Konsument:innen-Rolle!"

Teil der „Art of Hosting"-Methode ist, dass alle Teilnehmenden schnell ins Sprechen und ins Tun kommen und so aktiviert werden. In kleinen, moderierten Arbeitsgruppen wird eine lockere Atmosphäre geschaffen, die genug Raum für informelles Networking, Kennenlernen und Austausch bietet. Das „Arbeits-du" verstärkt das entspannte Ambiente, das als Katalysator für Aufgeschlossenheit und das Kreieren neuer Ideen dient. „Wir wissen, dass viele neue Projekte durch intendierte, aber zufällige Begegnungen entstehen, daher planen wir auf unseren Veranstaltungen Möglichkeiten dafür ein" beschreibt der Climate Lab CEO die Vorgangsweise.

Residents kommen in den Genuss unterschiedlicher Formate rund um aktuelle Themen. Den Auftakt machen Impulsvorträge von aus den umfangreichen Partnernetzwerken eingeladenen Spezialisten, beim gemeinsamen Essen danach entsteht die Interaktion. Vor allem größere Unternehmen nehmen das Angebot der Multipartnerprogramme in Anspruch, bei denen beispielsweise alle Stakeholder einer Wertschöpfungskette zusammenkommen. Die Ausarbeitung gemeinsamer Lösungen und die Zusammenarbeit werden erleichtert, indem Partner mit gemeinsamen Zielen mit Bedacht verknüpft, Bedürfnisse mit Fachwissen und Ressourcen abgeglichen und miteinander neue Formen der Innovation entwickelt werden.

Der Erfolg der Formate des Climate Lab liegt in der handverlesenen Zusammenstellung der eingeladenen Personen, gepaart mit durchdachtem, systemisch erprobtem Hosting. Inhaltsstarke Kommunikation, die Durchmischung der Teilnehmer:innen und das Erstellen handfester Outcomes stehen am Plan. Es gibt aber noch einen weiteren entscheidenden Erfolgsfaktor: Die Veranstaltungen erfolgen nur mit persönlicher Einladung. Die Räumlichkeiten des Climate Lab können zwar gemietet werden, hausintern gibt es aber keine öffentlichen Veranstaltungen. „Je mehr, desto besser" gilt nicht für das Climate Lab.

„ Wir überlegen uns sehr gut, wen wir wozu einladen, und wir laden nicht Organisationen, sondern Menschen ein."

Vertrauen heißt das Zauberwort, das zirkuläre Prozesse in die Gänge bringt. Denn geschlossene Systeme, wie Unternehmen, müssen plötzlich bis zu einem gewissen Grad durchlässig werden, um erfolgreich ihre Produkte in einen zirkulären Prozess zu bringen und ihre CO_2-Bilanz über die Gesamtlieferkette auszuweisen. Themen wie die Erhaltung der Wettbewerbsvorteile, Datenschutz, IP-Schutz und die Bewahrung der Unternehmensgeheimnisse werden bewusst angesprochen und an Schutzmechanismen gearbeitet. „Dieser Austausch funktioniert nur in einem sicheren Umfeld", weiß der Climate Lab CEO.

Welche Lösungen werden gefunden?

Konkret möchten etwa Vertreter der Matratzen-Industrie sinnvolles Recyclen und zirkuläre Geschäftsmodelle überlegen. Denn in Österreich werden jedes Jahr ca. 1,4 Millionen Matratzen weggeworfen. Keine davon wird recycelt oder wiederverwertet. Alle Matratzen landen in der Müllverbrennung. Warum die hohe Anzahl? Viele Hotelketten tauschen zum Beispiel jedes Jahr das gesamte Inventar aus. Aus diesen Matratzen könnten jedoch wertvolle Sekundärrohstoffe gewonnen und neue Matratzen hergestellt werden. Es wäre auch möglich, die alten Matratzen in Downcyclingverfahren zu überführen. Sie bieten sich als Dämmmaterial an, etwa zur Trittschalldämmung oder z. B. zu Zwischen-

wanddämmungen. Das Climate Lab lud im Auftrag des BMK
Vertreter der gesamten Wertschöpfungskette der Matratzen-
Produktion ein. Schaum- und Schaumstoffproduzenten, Matrat-
zenhersteller, Vertreter des Handels, Textilunternehmen, Recycle-
Unternehmen, welche Matratzen einsammeln und potenziell
wiederverwerten könnten, kamen zusammen. Im Rahmen des
vom BMK beauftragten Programms „Ecodesign und Recycling
von Matratzen" erhoben ca. 50 Stakeholder, welche Änderungen
im Design, der Produktion, der Nutzung, der Entsorgung und
Verwertung von Matratzen erforderlich sind, um die gesamten
Matratzen oder Teile davon in Zukunft nicht mehr zu entsorgen,
sondern in Kreisläufen zu führen.

Dein Abfall ist mein Rohstoff

Weitere Projekte behandeln neue Businessmodelle bei der Verwertung von Sekundärrohstoffen. Die Masse der Abfälle von
Industrieunternehmen ist gigantisch. Tausende Tonnen von
Abfällen wie Flugaschen, Schlacken, Schrott oder Baurestmas-
sen können, mit Zustimmung des Regulators, in einen Kreislauf
geführt und von anderen Industrien, wie zum Beispiel der Bau-
stoffindustrie oder Stahlindustrie, als wertvolle Rohstoffe weiter-
verwendet werden. Alle an einen Tisch heißt der erste Schritt,
um solche Projekte auf den Weg zu bringen. Fachexpert:innen
tauschen sich unter Moderation des Climate Lab-Teams zu
Stoffströmen und Umsetzungsplanung aus. Beim Einsatz von
Sekundärrohstoffen spielt eine andere, bereits gültige Verpflich-
tung eine tragende Rolle – Abfallmengen über zehn Tonnen
müssen bei einer Distanz über 300 Kilometer bereits umwelt-
gerecht transportiert werden, in Zukunft sogar ab 100 Kilometer.
Um Abfälle „auf die Schiene" zu bringen, arbeiten Industrieunternehmen im Round-Table-Format des Climate Lab an Lösungen.
Ähnlich ist die Vorgangsweise zu gerade in Erstellung befindli-
chen Vorgaben der EU-Taxonomie im Kontext des Immobilien-
bereichs oder bei der öffentlichen Beschaffung und Vergabe.

Das Hoho Wien ist ein Holz-Hybrid-Hochhaus in der Seestadt Aspern mit 84 Metern Höhe.

>

Gemeinsam mit den Partnerunternehmen wie Wien Energie, Holcim, den Wiener Linien, Siemens Energy oder voestalpine HPM und dem BMK werden die großen Themen in der Wirtschaft und Gesellschaft im Climate Lab auf den Tisch gebracht und in kuratierter Form an Lösungen gearbeitet.

Einer der Gründe der Wiener Wirtschaftsagentur für die unterstützende Mitgründung war, das Climate Lab auch zur eigenen Lösungsfindung zu nutzen, sagt Eva Czernohorszky. Die Innovationsförderung der Stadt Wien wird z. B. neu ausgerichtet. Die Wirtschaftsagentur vergibt pro Jahr ungefähr 40 Millionen Euro an Förderungen für Innovations- und Investitionsprojekte von Wiener Unternehmen, um die Stadt Wien als Innovationsstandort zu entwickeln.

„ Diese 40 Millionen an Förderungen bekommen jetzt eine klare Richtung. Der gesamte Betrag wird in die Klimaneutralität Wiens einzahlen.“

Für die Weiterentwicklung des Förderportfolios ist das Climate Lab und das kuratierte Aufeinandertreffen von Experten der ideale Ort, so Eva. Der Innovationsbegriff wird im Kontext der Klimaneutralität neu definiert. Denn für die zukünftige Vergabe der Fördergelder kann Innovation bald nur mehr eine Lösung sein, die entweder aktiv zur Klimaneutralität beiträgt oder aber die, die nach dem Prinzip „Do no signifikant harm", keinen erheblichen Schaden anrichtet. Das Operationalisieren dieser Neuausrichtung ist nicht trivial, sagt die Technologiechefin der Wirtschaftsagentur. Überlegungen zur neuen Beurteilung der Projektanträge sind bereits in Ausarbeitung. Auch die Berichtslegung wird verändert und die Kriterien, die ein Projekt erfolgreich machen, werden neu definiert.

Nägel mit Köpfen

Ein weiteres Baby der Wirtschaftsagentur, das im Climate Lab mitentwickelt wird, ist die Immobilienentwicklung. Die Wirtschaftsagentur fördert nicht nur bestehende Wiener Unternehmen, sondern siedelt auch internationale Unternehmen in Wien an. Dafür wurde die Agentur mit Betriebsflächen in Wien ausgestattet. Seit einigen Jahren wird auch in die Entwicklung von Labors und Technologiezentren investiert. „Damit die vielen kleinen Gewerbebetriebe ihre Unternehmen in Wien nachhaltig betreiben können, bauen wir Gewerbehöfe in Wien", sagt Eva. Dabei nicht nur auf eine nachhaltige Energieversorgung und Logistik zu achten, sondern nach Möglichkeit bestehende Infrastrukturen zu nutzen, statt neu zu bauen, war das Fazit der Überlegungen. An diesem Punkt hat die Zusammenarbeit mit dem Climate Lab den großen Unterschied gemacht, so Eva. Durch den Austausch mit multidisziplinären Expert:innen, die aus verschiedenen Perspektiven auf das Thema blickten und andere Fragen stellten, kam ein Umdenken, das aus der eigenen Systemlogik nicht entstanden wäre. Die Moderation und die Ergebnissicherung des Climate Lab, die mit Hartnäckigkeit Ziele definieren und den Weg dahin festhalten, war ein bedeutender Faktor in der Entwicklung. So wurden eigentlich „weiche" Maßnahmen wie Vernetzen und Austauschen mittels Festsetzung der Schritte zur Zielerreichung und deren Messbarkeit in Nägel mit Köpfen umgewandelt.

7

Viktoria
Ilger

ist Sustainable Transformer der Creators Expedition –
einer AVL-Initiative. Ihre Leidenschaft sind neue Technologien und deren Potenziale für Mensch und Umwelt. Ihr geht
es darum, wie Innovation und Nachhaltigkeit Hand in Hand
gehen können, um die Zukunftsfähigkeit unseres Planeten
und von Unternehmen zu sichern.

Transformation im Ökosystem – AVL

E in Innovationsökosystem arbeitet an einer konkreten Value Proposition. Neben dem Innovationsgrad gibt es ein konkretes Potenzial, bestehende Herausforderungen in Zukunft besser zu lösen. Daran arbeiten verschiedene Unternehmen und Organisationen gemeinsam, und zwar an den Modulen, die der jeweils andere Partner eben nicht oder nicht so schnell entwickeln könnte. Wesentlich ist die Rolle des „Orchestrators", also die laufende Abstimmung und Koordination der Partner. Das Arbeiten in solchen Ökosystemen ist riskant und erfordert Vertrauen, denn das Risiko, dass einer der Partner die Leistung nicht erbringt und die gesamte Value Proposition verloren geht, steht im Raum. Die Vorteile liegen in der Geschwindigkeit der Umsetzung und in dem Zugriff auf die jeweils eigenen Ressourcen, die Erträge können später aufgeteilt werden.[13]

Eine Möglichkeit der Partnerfindung, die bereits seit mehreren Jahren in verschiedenen wirtschaftlichen Konstellationen erprobt wurde, ist die Technologie- und Prozessentwicklung in der Zusammenarbeit mit Start-ups.

> " Ich kümmere mich um Themen, die in fünf bis zehn Jahren schlagend werden."

AVL – Creators Expedition

Viktoria Ilger ist Sustainable Transformer der Creators Expedition – einer AVL-Initiative. Als Technologieunternehmen entwickelt AVL Mobilitätstechnologie in den Bereichen Engineering, Simulation und Testing. Das österreichische Unternehmen beschäftigt weltweit mehr als 11.200 Mitarbeiter (davon 3.850 in Graz) und setzte im Jahr 2022 1,86 Milliarden Euro um. Die AVL ist heute das weltgrößte private und unabhängige Unternehmen für die Entwicklung von Antriebssystemen. Von Fahrzeugentwicklung und -integration über E-Mobilität, Fahrerassistenzsysteme und autonomes Fahren (ADAS/AD) bis hin zu Software werden Innovationen kreiert, um Unternehmen, die dafür gegründet wurden, Motoren herzustellen, zu unterstützen. Durch die Verbreitung alternativer Antriebsmöglichkeiten wurde aus dieser klaren Ausrichtung plötzlich ein breites Feld an neuen Möglichkeiten, um über Mobilität nachzudenken, eröffnet. Batterieentwicklung und Innovationen rund um

Wasserstoff sind ebenso wie die Nutzung von Big Data und neue Businessmodelle in der Entwicklung. Als nicht produzierendes Unternehmen überlegt sich AVL für Autohersteller und Autozulieferer Systeme und Konzepte. Produkte und Software werden getestet, man leistet Engineering-Arbeit. Der Geschäftsinhalt hat einen klaren Fokus:

Disruptive Innovation.

> **„ Wenn man jetzt nicht an nachhaltigen, neuen Geschäftsmodellen arbeitet, dann weiß ich nicht, ob man das jemals tun wird",**

ist Viktorias persönliche Kurzfassung des Unternehmensschwerpunkts. Der Nachhaltigkeitsgedanke wird im Unternehmen mit inkrementellen Maßnahmen, wie zum Beispiel der Effizienzerhöhung und energiesparenden Optimierungen in Bürogebäuden umgesetzt. Für langfristige Änderungen, die nachhaltig greifen sollen und profitabel sind, wurde die Creators Expedition von AVL ins Leben gerufen.

Das AVL-Start-up-Programm arbeitet mit Unternehmen in der Früh- und Wachstumsphase der Automobiltechnologie zusammen. Zwei Technologiebereiche sind im Fokus: Elektromobilität und alternative Kraftstoffe. Dazu zählen auch Batteriemanagement und Energiespeicherung. Das Interesse gilt Unternehmen, die im Bereich autonomes Fahren, selbstfahrende Software, Radar und Sensoren und vernetzte Fahrzeuge innovieren.

Klimaneutrale Mobilität

Die übergreifende Klammer der Creators Expedition Initiative
ist die Arbeit an klimaneutraler Mobilität. Das Ziel ist, mit Unter-
nehmen zusammenzuarbeiten, die diese Vision teilen und die
Entwicklung durch disruptive Innovationen beschleunigen können.
Viktorias kleines Team der Creators Expedition fungiert als Binde-
glied zwischen dem großen Konzern und den flinken Start-ups.
Diese werden in speziellen Programmen gefördert und die Zusammenarbeit in die Wege geleitet. Doch anders als in bekannten
Programmen ist der Kauf oder die Integration des Start-ups bei
Erfolg nicht das Ziel. Starke, nachhaltige Partnerschaften stehen
am Programm.

„ Der Fokus liegt auf der Erstellung eines Innovationsökosystems."

Mit einem einfachen, schnellen Projekteinstieg wird es möglich, gleich aktiv und gemeinsam an Problemlösungen zu arbeiten. Der Co-Innovation-Ansatz entstand aus der Idee, neuen Input mit bestehenden Technologien zu verschmelzen und etwas Neues zu kreieren.

Was können wir gemeinsam besser machen?

Mit dieser Frage und Zielsetzung geht man in die Co-Innovation. Start-ups werden nicht beauftragt, man will keine Lösung einkaufen, Mitarbeiter finden oder das Unternehmen in den Konzern eingliedern, sondern nachhaltig Themenstellungen lösen, die nur im Innovationsökosystem entwickelt werden können. Dieser Grundcharakter gibt ein neues Programm vor. Neue Gedankenmuster sind im Entstehen, denn die Verzahnung der Zusammenarbeit geht weit über die Rolle eines Zulieferers, dessen Produkt oder Service verwendet wird, hinaus. Ziel ist es, neue Geschäftsmodelle zu finden und Win-win-Situationen schaffen.

Beidseitig oder auch mehrseitig denken

Das ist eine Herausforderung, erzählt Viktoria über die Learnings der Creators Expedition. Bei allen guten Ideen und auch dem Wissen über die Vorteile des Konzepts, stolpere man doch immer noch mal über das eigene Mindset. AVL ist ein technologiegetrie-

benes Unternehmen, das stark in der Forschung tätig ist. Ziel war es immer, möglichst viele Patente anzumelden. Dieser Fokus bedingt geschlossene Türen, Geheimhaltung und gerade in der Automobilindustrie immer das Konkurrenzdenken „Wer hat den schnelleren Motor?". In einer geschlossenen Industrie ist man gewöhnt, alles selbst zu machen. Wenn das nicht möglich ist, wird normalerweise ein Auftrag erteilt und alle Rechte vertraglich gesichert. Die Tatsache, dass Creators Expedition schon vor einigen Jahren ins Leben gerufen wurde, zeigt ein Veränderungsbewusstsein und auch den Willen, sich zu öffnen. Dennoch braucht es Zeit für die Änderung des Mindsets und vor allem Leuchtturmprojekte, um erfolgreiche Lösungen zeigen zu können.

In den letzten fünf Jahren wurde an 40 Co-Innovation-Projekten gearbeitet. 18 davon wurden operativ. Die Projektinhalte zielen auf die Erweiterung der Kernkompetenzen von AVL und dem Einsatz von Komplementärwissen, um gemeinsam etwas Neues zu kreieren.

„ Passen die zu uns? Wollen die uns nur etwas verkaufen oder sind sie auch an Co-Innovation interessiert?" Diese Fragen stellen sich Viktoria und ihr Team in der Evaluierung.

Meistens wird mit Early-Stage-Start-ups gearbeitet, die einen ersten Track-Record oder einen ersten Proof-of-Concept vorweisen. In Phase zwei überlegen wir Variationen und evaluieren Möglichkeiten, so Viktoria. Das kann z. B. eine Kombination des Proof-of-Concept mit einem eigenen Produkt oder die Ergänzung eines Mehrwerts zu bestehenden Produkten bis hin zur Kreation eines ganz neuen, gemeinsamen Ansatzes sein. Die Verzahnung der beteiligten Unternehmen erreicht ein tiefes Level und geht weit über eine Beauftragung hinaus.

Zusammenarbeit ohne Exklusivität

Ein gesundes, erfolgreiches Ökosystem schafft gute Ausgangspositionen und eröffnet Potenziale für alle Partner, lautet die Philosophie. Die Start-ups können den Marktzugang über AVL durch die Zusammenarbeit mit Creators Expedition nutzen. So bekommen sie Sichtbarkeit und Zugang zu den AVL-Technologien. Im Gegensatz zu anderen Initiativen besteht man bei AVL aber nicht auf Exklusivität. Natürlich sind die Zusammenarbeit und die

Inhalte auch rechtlich abgesichert, aber es wird nicht ausge-
schlossen, dass die Partner-Start-ups mit anderen Unternehmen
oder Automobilherstellern zusammenarbeiten. „Diese Freiheit
wird von den Start-ups sehr geschätzt", sagt Viktoria. Für die
Entwicklung eines gesunden Ökosystems ist das Wegfallen der
Exklusivität ein starker Treiber.

Bridging the Gap

Die Learnings kommen mit der Erfahrung, die Viktoria über einige
Jahre angesammelt hat. Im Creators Expedition-Programm wird
mit niedrigen Einstiegsbarrieren wie schneller Vertragserstellung

gestartet. Vor Projektstart werden Hypothesen erstellt, die im Projekt überprüft werden. Zu diesem Zeitpunkt erfolgt auch schon der Gegencheck mit potenziellen Kunden. Wird diese Phase erfolgreich abgeschlossen, geht es in eine nächste Investitionsrunde. Nun geht es um die konkrete Produktentwicklung. An diesem Punkt gab es für alle Beteiligten der Creators Expedition fundamentale Learnings, erzählt Viktoria. Anfänglich dachte man, die Zusammenarbeit könnte zu diesem Zeitpunkt an die jeweilige Fachabteilung im Unternehmen weitergegeben werden.

> **Die Idee der schnellen Weitergabe des Start-ups an die Fachabteilung hat sich als Blödsinn herausgestellt."**

Ab dem Beginn der tatsächlichen Projektentwicklung trifft das Start-up auf den behäbigen Konzern. Es entstehen Reibungspunkte, die durch verschiedene Erwartungshaltungen auftreten. Entscheidungswege werden durch Konzernprozesse plötzlich um vieles länger. Start-ups haben oft das Gefühl, nach der rasanten Fahrt auf der leeren Autobahn plötzlich in den Stau nach Arbeitsschluss hinunter bremsen zu müssen. Abgesehen von den naturgemäß längeren Phasen, die es benötigt, wenn viele Personen auf mehreren Ebenen involviert sind, ist es für große Unternehmen notwendig, gewisse Prozesse einzuhalten. Man muss für die späteren Kunden die einwandfreie Funktionalität des neuen Produkts oder Service garantieren, wenn es auf den Markt kommt. Der anfängliche Enthusiasmus auf Corporate-Seite in der

Erwartung, etwas Fertiges zu bekommen, weicht der Realität, dass das fertige Produkt oder Service und die dazugehörige Dokumentation nicht von einem Start-up, das gerade den Proto- typ beendet hat, geliefert werden kann. Das Management der verschiedenen Erwartungen ist ein wichtiger Teil der Arbeit von Creators Expedition. „Wir sind dazu übergegangen, verschiedene KPIs zu definieren, die zeitlich unterlegt sind", erklärt Viktoria den Lösungsansatz. Die Zeitachse hilft beiden Seiten, einen Überblick zu behalten und die Entwicklung in verschiedene Stadien zu teilen. Diese zeitgebundenen Vorgaben sind naturgemäß für Start-ups schwer vorherzusehen. Daher haben wir grobe Projekt-Phasen definiert. Teilweise werden Start-ups in bestimmten Phasen unter- stützt, um zwei Jahre später einen nächsten gemeinsamen

Entwicklungsschritt zu setzen. Wichtig ist für Viktoria, sowohl im Unternehmen als auch bei Partner-Start-ups, diese Voraussetzungen von Beginn an klar zu kommunizieren. Von der anfänglichen Idee, zehn bis zwölf Projekte pro Jahr zu unterstützen und abgeschlossen an die Fachabteilungen weiterzugeben, kam man mit den Erfahrungen aus den ersten Projekten schnell ab. Die Koordination bleibt weit über den Verbleib bei Creators Expedition bestehen.

Fokus auf das Businessmodell

Technologie war anfänglich die treibende Kraft bei der Gründung der AVL-Initiative. Die Freude an neuen Möglichkeiten und ihrer Machbarkeit war groß. Der Technologieverliebtheit folgten Lose Ends, Schwierigkeiten in der Produktgestaltung und Markteinführung. Die Ideen, die die Start-ups für ihre Technologien hatten, passten manchmal mit den Anwendungen, Produkten und Services des Konzerns nicht zusammen. Der Strategiewechselschwenk vom Fokus der technologischen Machbarkeit zur Erreichung eines funktionierenden Geschäftsmodells, brachte den entscheidenden Erfolgsfaktor. So wird für neue Technologien ein Businessmodell kreiert, das für die Vorgaben der Fachabteilung genauso stimmig ist wie für das Start-up-Team und ausgewogene Anreize für alle Beteiligten bietet. Gleichzeitig versucht man, Showstopper von Anfang an auszuschließen, indem man mehrere Stakeholder aus dem Konzern ins Boot nimmt.

Den Spagat zwischen

> einer niedrigen Eintrittsbarriere,
> einem schnellen Projektstart,
> dem zukunftsträchtigen Businessmodell,
> der Erstellung von Strukturen, Prozessen und
> der Einbindung der Stakeholder

ist immer noch groß, so Viktoria. Durch die Erfahrung der vielen vergangenen Projekte funktionieren jedoch sowohl die Einschätzung als auch die Scope-Definition mittlerweile maßgeblich routinierter. Der Erfolg steht und fällt mit den beteiligten Personen. Die Übergabe des Projekts zum Eintritt in die marktfertige Umsetzung benötigt immer eine Person in der Fachabteilung, die von den Möglichkeiten und der Machbarkeit überzeugt ist.

„ Wir brauchen jemanden, der sich in die gemeinsamen Möglichkeiten der Co-Creation verliebt und daran festbeißt",

sonst funktioniert es nicht, weiß Viktoria. Diese Person muss bei AVL zum Botschafter des Projekts werden und es vorantreiben. Basis dafür sind immer die persönliche Motivation und die Anreize zur Umsetzung.

Auf dem Weg ins Ökosystem

Als „facettenreich" beschreibt man bei Creators Expedition die vertraglichen Möglichkeiten, die die Zusammenarbeit bietet. Ist der erste Schritt, die projektbezogene Zusammenarbeit erfolgreich abgeschlossen, ergeben sich fruchtvolle gemeinsame Umsetzungsmöglichkeiten. Die Partnerschaft soll für beide eine zufriedenstellende Lösung bieten. Das geht so weit, dass z. B. schon gemeinsame Patente eingereicht wurden. Auch die Bezahlung von Lizenzgebühren kommt in Fällen der Produktintegration und/oder Modifikation öfter vor. Man hatte aber auch schon den Fall, dass eine gemeinsame Lösung erstellt wurde, diese aber von beiden Unternehmen getrennt vertrieben wird. Erlaubt ist, was beiden gefällt. Die Lösungen sind individuell und mannigfaltig. Einzig das Kaufen des Start-ups und die Integration in den Konzern ist eine Variante, die man bei Creators Expedition ausschließt. „Man nimmt dem Start-up dadurch die Schnelligkeit und die Möglichkeit zu wachsen", spricht Viktoria aus Erfahrung.

8

Amir
Horowitz

ist CEO von ESIL, dem Evironmental Sustainability Innovation Lab. Der Accelerator ist aus einer Initiative von drei
großen Unternehmen entstanden und investiert gemeinsam
mit dem Staat Israel in Energie- und Climate Tech-Start-
ups, denen ESIL auch Brücken in unterschiedliche Branchen
baut. Davor hat Amir selbst ein Start-up gegründet und
war u. a. Innovationsleiter bei EDF Renewables Israel.

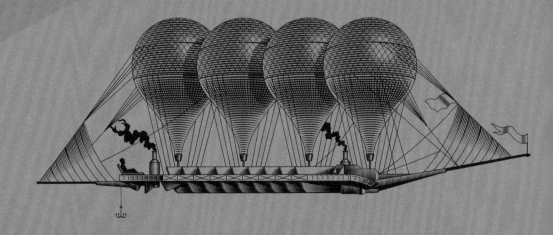

Start-up
Nation Israel

Österreich gibt 3,2 Prozent seines BIP für Forschung und Entwicklung aus und liegt damit weltweit im Spitzenfeld. Doch immer noch hinter Israel, die mit fantastischen 5,6 Prozent des BIP derzeit weltweit die höchsten Forschungsausgaben haben (Gross Domestic Spending on R&D 2022, OECD). Und diese Ausgaben zahlen sich aus. Beim globalen Ranking der 60 innovativsten Länder liegt Israel auf Platz sieben, zwei Plätze vor Österreich (2021 Bloomberg Innovation Index). Die beiden Länder verbinden nicht nur Ähnlichkeiten und ein starker Fokus auf Innovation, sondern auch gemeinsame Interessen. In Israel sind Innovationsökosysteme gängige Realität. Ein Beispiel dafür ist ESIL – The Environmental Sustainablilty Innovation Lab, deren Motto:

„Globale Bedürfnisse, israelische Lösung"

ESIL vereint ein französisches Unternehmen für Renewable Energy, einen britischen Chemiekonzern und einen israelischen Betreiber einer Ölraffinerie. Was auf den ersten Blick wie ein zufälliges Zusammenwürfeln verschiedener Konzerne wirkt, deckt bei näherer Betrachtung feine Überschneidungen gemeinsamer Interessen auf, die miteinander nicht konkurrieren.

Gemeinsam gründete man ESIL – das Environmental Sustainability Innovation Lab in Israel. Eine Plattform für die Entwicklung nachhaltiger Innovationslösungen und ein Start-up Accelerator im Bereich erneuerbarer Energien. Es wird in Early-Stage-Start-ups investiert, die innovative und bahnbrechende Lösungen für Umweltprobleme entwickeln und verknüpft diese weltweit mit Industrien, die nach umweltfreundlichen Technologielösungen suchen – Green Tech also.

EDF Renewables ist Teil der EDF-Gruppe, einem der größten Energieunternehmen der Welt. Als Tochtergesellschaft beschäftigt sich EDF Renewables mit Erneuerbaren Energien wie Wind-

kraft, Solarenergie und Energiespeicherung, der Firmensitz ist
in Frankreich. Zweiter Partner bei ESIL ist die Bazan-Gruppe,
die größte Ölraffinerie in Israel. Sie betreibt Ölraffination und alle
Derivate, wie z. B. die Kunststoffherstellung aus den Nebenpro-
dukten. Der dritte Musketier ist Johnson Matthey, ein 200 Jahre
altes britisches Chemieunternehmen mit Fokus auf Platingrup-
penmetalle und verschiedenste Rohstoffe für unterschiedliche
Industrien. Die Synergien entstehen dadurch, dass sich die Unternehmen nahe genug stehen, um einander zu verstehen und die
Geschäftsinhalte der anderen zu kennen, sie konkurrieren aber
nicht direkt miteinander.

Die Investitionssummen für Start-ups in der Frühphase sind für internationale Konzerne keine riesigen Posten im Budget. Jedes dieser Unternehmen könnte ohne die anderen beiden problemlos diese Investments tätigen – warum also schloss man sich zusammen? Es benötigte einen äußeren Impuls oder eine gute Gelegenheit, sagt Amir Horowitz, CEO von ESIL. In seiner früheren Position leitete Amir für EDF Renewables die Innovationsaktivitäten in Israel. Man arbeitete mit Technologieunternehmen zusammen, die relativ ausgereift waren. „Die Zusammenarbeit mit Unternehmen, die sich noch in der Anfangsphase befinden, in die man investieren muss und die auch strategischer Unterstützung und Förderung bedurften, war für uns strukturell einfach nicht möglich", so Amir. „Ich konnte sehen, dass es direkt vor unserer Nase ein großes Potenzial an Geschäften gab, das wir nicht nutzen konnten", beschreibt er seine Erkenntnis, die mit einer der Gründe für die Gründung von ESIL wurde.

Mit dem Accelerator ESIL schuf man ein dynamisches Ökosystem. Alleine die Partnerunternehmen und ihre vielfältigen Interessen und Technologieanforderungen sorgen für einen ausgewogenen Mix in der Förderung von Green-Tech-Lösungen. Man liefert wirtschaftlich tragfähige Technologielösungen mit dem Ziel, einen sozial gerechten Übergang zu einer Net-Zero-Welt zu unterstützen.

Fokus auf das Wachstum des Ökosystems

Strategisches Mindset mit starkem Fokus auf Zukunftsthemen und der Wille zur unkomplizierten Exekution zeichnet das Geschäftsklima in Israel aus. Diese Gedanken herrschen aber nicht nur bei den Business-Owners und in der florierenden Start-up-Kultur. Auch der Staat Israel fördert gezielt und strategisch die Branchenansiedlung zukunftsträchtiger Technologieunternehmen. Bestes Beispiel ist die Automobilbranche. „Wenn man sich vor zehn oder 15 Jahren Autos in Israel anschaute, gab es im Grunde genommen nur Autoimporteure und Werkstätten, die das Auto reparierten", so Amir. Das waren damals alle Geschäftsfelder zur Mobilität. Mit der Weiterentwicklung der Autos, die plötzlich sehr

viel mehr Elektrik und die dazu benötigte Software und Sensorik enthielten, vollzog sich ein Wandel. Als das Auto zum Computer wurde, sah man in Israel eine Chance, die Kompetenzen, die im Land vorhanden waren, zu fördern, zu verstärken und auszubauen. Und plötzlich, 15 Jahre später, hat jedes Unternehmen, von General Motors über Mercedes bis Porsche, ein Forschungs- und Entwicklungszentrum in Israel. Im Land vollzog man einen extremen Wandel von der völligen Unbeteiligtheit am globalen Automobilgeschäft hin zu einem starken Player in einem kurzen Zeitraum.

An der Weiterführung dieses Erfolgskonzepts in verschiedenen anderen Branchen arbeiten in Israel nicht nur die Start-ups, auch von staatlicher Seite kommt Rückenwind. Für Israels Innovation

Authority ist Climate Tech der nächste große Durchstarter, auf dessen Technologien fokussiert gesetzt wird. Ein neuer Bereich, den es bis vor kurzem noch nicht gab, der aber inzwischen bereits 240 Start-ups zählt. Eine der Maßnahmen, um die Saat für die Entwicklung eines Climate-Tech-Ökosystems zu sähen, war die Ausschreibung für den Betrieb eines Accelerator-Investmentvehikels und eines Accelerators, genannt Innovationslabor.

Und die Saat ging auch schon auf. Amir Horowitz und EDF Renewables sahen diese Ausschreibung als Gelegenheit, endlich eine Struktur für die Zusammenarbeit mit Start-ups zu schaffen. Als man hörte, dass Bazan Group und Johnson Matthey ebenfalls an einer Bewerbung für die gleiche Ausschreibung interessiert waren, eröffneten sich für die drei unterschiedlichen Unternehmen plötzlich weitere Möglichkeiten und Synergieeffekte. So ging man eine Partnerschaft ein, gewann die Ausschreibung und ESIL wurde gegründet. Die Regierung beteiligt sich an den Betriebskosten und fördert auch die Investitionen.

Israel beteiligt sich maßgeblich und direkt

Für jede Million, die ein Start-up erhält, investiert ESIL 15 Prozent und der israelische Staat 85 Prozent. In der Investitionsbereitschaft mit diesem großen Hebel spiegelt sich die Strategie des Staates wider. Israel hat die Marktchancen erkannt und setzt entschlossene Maßnahmen: So wird für den privaten Sektor das Risiko verringert und der Anreiz steigt, in Climate Tech Start-ups zu investieren. Denn der Betrag, den Unternehmen in Hochrisikoinvestments einbringen können oder wollen, ist begrenzt.
Der Hebel an staatlichen Förderungen macht nicht nur das Investment für Unternehmen attraktiv, es beeinflusst durch die Höhe der Summe die Entwicklung und möglicherweise auch den Erfolg des Start-ups. Dennoch, von zehn Start-ups in einem Jahr werden mindestens sieben wieder verschwinden. Die Hoffnung ist, dass

aus dieser Bank von Start-ups, in die investiert wird, einige erfolgreich sein werden und einen Unterschied machen. Man will einen echten Beitrag zum Kampf gegen den Klimawandel und zur Netto-Null-Kreislaufwirtschaft leisten. Und man will und muss wirtschaftlich erfolgreich sein.

Beispiel RepAir

Eines der Start-ups im ESIL-Ökosystem ist RepAir Carbon Capture.

,, Wir sind dabei, den effizientesten Weg zu finden, Kohlendioxid aus der Atmosphäre zu holen",

fasst Amir Shiner, CEO von RepAir, ihre Mission zusammen. Die Kosten für die Entfernung einer Tonne Kohlendioxid aus der Atmosphäre liegen mit der Innovation von RepAir unter 90 Euro pro Tonne CO_2. Natürlich ist es besser, CO_2 zu vermeiden, aber eine erhebliche Menge wird auch nach 2050 nicht vermieden werden, daher ist die Weiterentwicklung der Technologie auch in einer Zero-Carbon-Zukunft ein interessantes Investment, so Amir.

Neben Photovoltaik und Windkraft könnte Wasserstoff der dritte Baustein zu nachhaltiger Energie werden. Deutschland hat beispielsweise bereits eine Nationale Wasserstoffstrategie beschlossen, die Klima-, Energie-, Industrie- und Innovationspolitik verzahnen soll. Ziel ist es, globaler Vorreiter bei Grünem Wasserstoff zu sein. Um diesen zu transportieren, braucht es Temperatur- und Druck-

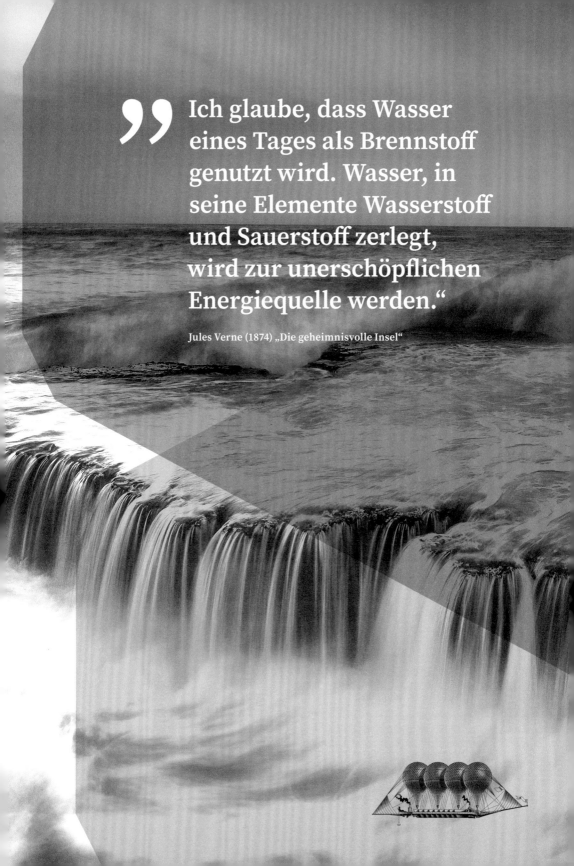

„ Ich glaube, dass Wasser eines Tages als Brennstoff genutzt wird. Wasser, in seine Elemente Wasserstoff und Sauerstoff zerlegt, wird zur unerschöpflichen Energiequelle werden."

Jules Verne (1874) „Die geheimnisvolle Insel"

bedingungen, die zu einem hohen Energieverbrauch und hohen Kosten führen. Genau hier setzt das Geschäftsmodell von Hydro-X an, einem weiteren Unternehmen im Portfolio von ESIL.

Beispiel Hydro-X

Hydro-X hat eine Lösung zur energieeffizienten Lagerung von Wasserstoff gefunden. Mit der Technologie von Hydro-X ist die Lagerung bei 35 Grad Celsius und 10 Bar und die Freisetzung bei 70 Grad Celsius und 1 Bar bei sehr geringem Energieaufwand möglich.

Die Technologie benötigt nur 2 bis 2,5 Kilowattstunden, um ein Kilo Wasserstoff zu speichern und freizusetzen, während andere flüssige organische Wasserstoffträgertechnologien mehr als 13 Kilowattstunden beanspruchen. Die Basis für die Speicherung ist Wasser. Nach der Umwandlung entsteht eine flüssige Lösung, die Wasser und Kalium enthält. So werden der Transport und die Lagerung ungiftig und ungefährlich. Hydro-X ist ein Spin-off von Yissum, dem Technologietransferunternehmen der Hebräischen Universität Jerusalem. Nach ersten Feldversuchen sollen noch 2023 die ersten kommerziellen Anwendungen folgen.

Welche Kriterien führen zum Erfolg?

Erfolg erhofft man sich von allen Investments, sagt Amir Horowitz. Um die Erfolgschancen zu erhöhen, werden mögliche Kandidaten nach verschiedenen Kriterien evaluiert. Mittels Ökosystem-Screening sucht man Unternehmen, die gerade aus dem F&E-Stadium herausgewachsen sind. Beim Schritt aus dem Labor kann sozusagen der Handshake mit ESIL vollzogen werden. Der beste Investitionsmoment ist für den Accelerator der Zeitpunkt, an dem die Forschung das Labor verlässt und beginnt, ein Produkt in ein Unternehmen zu verwandeln. Der Bau von Prototypen oder auch die Entwicklung eines ersten Prototyps in ein Pilotstadium sind die Momente, bei denen Start-ups nicht nur Investitionsbedarf haben, sie können auch von der Einbindung in das Ökosystem profitieren.

> **„ Wir bieten den Start-ups die Verbindung zur Industrie, zur realen Welt."**

Die Start-ups, die für ein Investment ausgewählt werden, verknüpft man gleich mit den richtigen Abteilungen bei EDF Renewables, Bazan oder Johnson Matthey. Je nach Bedarf und Technologie können sie aus der breiten Palette der Möglichkeiten schöpfen. „Manche wollen technische Beratung, manche kom-

merzielle Beratung, manche Unterstützung zur Preisgestaltung auf dem Markt, einige wollen einen Designpartner, andere wollen die Einrichtungen oder Labors nutzen, um ihren Prototyp zu testen", beschreibt Amir Horowitz den „Bauchladen" an Anknüpfungspunkten, die ESIL ermöglichen kann. Jedes Start-up will etwas anderes, aber sie alle wollen und brauchen die Verbindung zur Industrie, um erfolgreich zu sein. Der Eintritt in das Ökosystem ist der eigentliche Mehrwert.

Und das hat seine Tücken, weiß Amir. Auch wenn die innovative Technologie für die Konzerne interessant ist, prallen doch zwei Welten aufeinander. Der Erfolg steht und fällt durch den Faktor Mensch.

Brückenbauer und Weltenverbinder

Start-up und Konzern sind zwei verschiedene kulturelle Welten, verschiedene Denkweisen und Arbeitsrhythmen. Das Start-up will sich nächste Woche treffen. Der Ingenieur von EDF sagt: „Ich habe einen freien Termin im Juni". Der Accelerator steht in der Mitte und versucht zu vermitteln. Trotz Umbruchspirit, Förderungen mit Hebelwirkung und Investitionen kracht es manchmal im Getriebe, wenn das Start-up auf den Konzern trifft. Das Problem ist nicht neu, – es besteht seit dem ersten Tag, als man versuchte, Produkte oder Technologien eines Start-ups in einen Konzern zu integrieren. Viele Start-ups existierten schon nach einem Jahr nicht mehr, oder das Gründerteam verließ das Unternehmen am ersten Tag nach der vereinbarten Earnout-Phase. Die Auflösung oder Abwanderung des Gründerteams ist eine Seite der Medaille und der Herausforderung. Das geschieht oft, nachdem eine Integration auf Biegen und Brechen vorgenommen wurde.

Die Kehrseite ist, dass viele Projekte gar nicht so weit kommen, tatsächlich im Unternehmen fortgeführt zu werden. Sie haben nur eine Chance: Wenn sie mehrere Personen finden, die sich für das Produkt/die Technologie begeistern. Verfechter auf allen Ebenen des Konzerns sind also gefragt. Strukturell fehlte in Unternehmen aber oft das Incentive für den Projektmanager im Konzern, erklärt Amir. Wenn der Big Boss dagegen ist, wird das Projekt naturgemäß nie funktionieren. Aber wenn der einzige Verfechter der CEO ist, ist das nur schön für die Weihnachtsfeier und für Bilder in der Zeitung, viel mehr wird allerdings nicht geschehen. „Als ich bei EDF Renewables gearbeitet habe, wollten wir bei einem der neuen Projekte etwas Innovatives einführen. Der CEO war begeistert und ich war für Innovation zuständig", gibt Amir ein Beispiel.

Trotzdem hat es nicht funktioniert. Man hatte eine fantastische Innovation und große Pläne. Als es aber zur Umsetzung ging, stieß man nicht nur auf die fehlende Struktur, sie war dem Projekt sogar abträglich. Denn der Projektmanager dieses Projekts wurde anhand von zwei Dingen bewertet: Das Projekt musste im Zeit- und Kostenrahmen bleiben, dann galten die persönlichen Ziele und die Projektziele als erreicht. Doch das Innovationsexperiment war in sein Projekt eingebettet. Wenn also alles gut laufen würde, verbessert sich weder die Zielerreichung des Projekts noch die persönliche Bewertung, die nötig ist für das Ausschütten etwaiger Bonuszahlungen. Wenn aber etwas schiefginge, kostete es Zeit und Geld. Es fügt dem Programm und der persönlichen Bewertung Schaden zu, sodass der Projektmanager durch die Zusammenarbeit mit dem Start-up nur verlieren kann. Und das ist ein Problem. Es gibt natürlich unterschiedliche Möglichkeiten, wie Unternehmen ihre Mitarbeiter bewerten und Projekte betrachten, dennoch stoßen wir immer wieder auf ähnliche Strukturen, sagt Amir. Aber auch hier werden langsam Anpassungen vorgenommen. Vor allem die finanziellen Erfolge, die absehbar sind, sind ein Treiber für ein Umdenken.

Es gibt keine kleinen Projekte

Die Herausforderung im Hochinnovationsbereich von Climate Tech ist die Projektgröße. Es handelt sich bei allen Projekten um Infrastrukturprojekte, das heißt um Projekte mit einem Volumen von mehreren Millionen oder sogar mehreren Milliarden Dollar. Das Schadenspotenzial, das ein kleines Start-up anrichten kann, wenn der Zeitplan nicht eingehalten wird, ist enorm. Es ist verständlich, wenn bei vielen Projektmanagern in multinationalen Unternehmen eine konservative Atmosphäre herrscht. Dennoch wird man in jeder Organisation seine Vorreiter finden, so Amir. Aus seiner Erfahrung funktioniert die Umsetzung am besten im Dreiergespann: Unterstützung des CEOs, Übersetzung zwischen Start-up und Konzern durch den Innovationsmanager, der beide Seiten kennt und hier essenzielle Vermittlungsarbeit betreibt, und letztendlich auch die Projekt- oder Programmmanager, die die Vorteile auch persönlich sehen und incentiviert werden. Langfristig setzt sich so ein Kulturwandel durch. Nach erfolgreichen

Projekten, die firmenintern auch Aufmerksamkeit und Wertschätzung bekamen, sind die nächsten Projekte leichter.

Geduld ist dennoch angesagt. Investment in der Frühphase der Klimatechnologie bedeutet nicht, in einem Jahr ein marktreifes Produkt zu haben. So flink und wendig Start-ups in der Prototypenphase sind, – so sehr verlangsamt sich die Geschwindigkeit, wenn es um die Marktfähigkeit und das schnelle Generieren von Umsätzen geht. Umgekehrt sieht es im Konzern aus – wenn man ein Jahr Zeit hat, ein Projekt aufzusetzen, erwartet man auch Umsätze ab dem Tag des Anschlusses an das System.
Für technologiebasierte Start-ups ist das nicht so einfach, – ihr Hintergrund ist ein wissenschaftlicher. Wenn man von bahnbrechender Innovation spricht, meint man damit nicht, dass jemand ein „Angry Birds"-Spiel für sein Smartphone entwickelt, ein paar Funktionen einbaut und es in sechs Monaten herausbringt, erklärt der ESIL CEO.

Beispiel: ESIL investierte in ein Unternehmen, das es seit drei Jahren gab. Die erste Investition wurde vor zwei Jahren getätigt. Zu dem Zeitpunkt wurde das Start-up mit einer Million Dollar bewertet. Jetzt hat es gerade eine nächste Bewertungsrunde abgeschlossen und ist 50 Millionen wert. Anderthalb Jahre später ist es also um das 50-fache gestiegen. ESIL hat eine großartige Investition getätigt. Aber selbst dieses Unternehmen ist noch ca. drei oder vier Jahre vom Markt entfernt, so Amir. Die Technologien sind neu und wirklich bahnbrechend, daher ist der Zeithorizont länger, der Impact aber umso stärker.

9

Daniel
Wiener

ist Verwaltungsrat von Cargo sous terrain (CST). Daniel ist
außerdem Gründer und Präsident von Global Infrastructure
Basel sowie Gründer und ehemaliger Präsident von ecos,
der führenden Schweizer Beratungsfirma für Nachhaltige
Entwicklung.

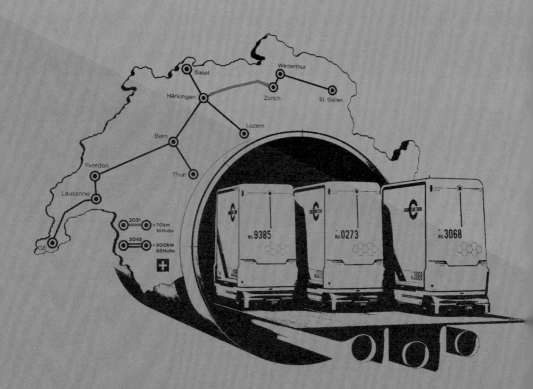

Mega-Zukunftsprojekt – 500 km Tunnel für den Güterverkehr

> **Probleme kann man niemals mit derselben Denkweise lösen, durch die sie entstanden sind."**
>
> Albert Einstein

Cargo sous terrain heißt das Schweizer Visionsprojekt, das 30 Prozent des Güterverkehrs in dicht besiedelten Gebieten unter die Erde verlegt. Vor zwölf Jahren startete man mit einer Verkehrsstudie, weil man sich über den weiteren stark wachsenden Lkw-Verkehr sorgte. Daraus entstand Europas visionärstes Infrastrukturprojekt. Denn es wurde schnell klar, dass es keine Möglichkeit gibt, den aufkommenden Verkehr über das bestehende Straßensystem der Nord- und Westschweiz effizient zu bewältigen. Staus, Lärm- und Abgasbelästigung würden nur noch größer werden. Auch der Nahverkehr der Zukunft würde kaum mehr bewältigbar sein. Im Zusammenschluss mit mehreren Schlüsselakteuren entstand die bahnbrechende Idee, 14 Städte in der Nord- und Westschweiz durch ein 7 Meter breites Tunnelsystem zu verbinden. Kleine, selbstfahrende Einheiten befördern die Fracht nach dem Prinzip eines automatischen Fördersystems. In den Tunnels verkehren Tag und Nacht unbemannte Transportfahrzeuge, die automatisch Ladungen aufnehmen und abgeben können. Die Waren werden Über-/Unterland befördert und in den Stadtgebieten in Hubs wieder ans Licht gebracht. Von dort übernimmt eine Flotte nachhaltiger Gefährte die Tür-zu-Tür Auslieferung. Insgesamt baut man 500 km Tunnel und 80 Ein- und Ausgänge. Finanziert wird das fantastische Projekt aus einer dafür gegründeten Aktiengesellschaft, die sich aus 90 Unternehmen zusammensetzt. Für den Start des Tunnelbaus erwirkte man eine Gesetzesänderung in der Schweiz. 2020 wurde es als Bundesgesetz über den unterirdischen Gütertransport wirksam. Der Spatenstich wird 2026 erfolgen.

Die Verkehrsreduktion auf den Straßen unter Einsatz von nachhaltiger Energie und einem ausgeklügelten Logistiksystem allein wäre schon ein Grund, um in ein Projekt dieser Art zu investieren. Doch es birgt durch die Gesetzesänderung noch einen weiteren unschlagbaren Vorteil: Es wird zusätzlich Land gewonnen, in dem die Schweiz unterirdisch sozusagen vergrößert wird.

Das komplexe, zukunftsträchtige Projekt gilt als Europas radikalste Innovation, vergleichbar mit Technologien wie dem Internet – statt für Information für Güter. Die Strahlkraft der Innovation macht sich durch Aktionäre wie beispielsweise Hyperloop One, bemerkbar. Nach gescheiterten Versuchen im Personentransport wird auf den unbemannten Frachttransport geschwenkt. Um sich Logistikwissen anzueignen, beteiligte sich Hyperloop One als Aktionär an Cargo sous terrain.

 Der Lkw-Verkehr nimmt stetig zu. Das ist weder nachhaltig noch wirtschaftlich sinnvoll. Es bedarf einer systemischen Erneuerung",

sagt Daniel, Verwaltungsrat von Cargo sous terrain (CST). Den Grundstein dazu legte man in der Schweiz schon vor zwölf Jahren. Doch wie startet man ein Projekt dieser Größe und dieses Umfangs? Wie bekommt man alle Stakeholder ins Boot und schafft eine Finanzierung ohne staatliche Förderungen?

Von der Studie zum Infrastrukturprojekt

„Wie so oft im Leben sind die fantastischen, bahnbrechenden Ideen am Anfang gar nicht so groß gedacht", erzählt Daniel. Ursprünglich wollte man die Autobahnen vom lästigen Lkw-Verkehr entlasten. Nach zahlreichen Überlegungen und Aus-

wertungen von Studien besann man sich auf die besondere Expertise der Bergländer. „Die Schweizer und die Österreicher haben etwas gemeinsam", sagt Daniel, „sie sind Weltmeister im Tunnelbau". So war die Idee, einen 500 Kilometer langen Cargo-Tunnel zu bauen, gar nicht ganz abwegig. Große Einzelhandels-firmen wie Migros und COOP hatten realisiert, dass sie bei einem Anstieg der Transporte um 30 Prozent in den nächsten 20 Jahren, ihre Filialen nicht mehr beliefern konnten. So war das Interesse an der Idee, eine neue Infrastruktur zu gestalten, groß. Gemein-sam wurde eine Machbarkeitsstudie beauftragt.

Einigung auf den Tunnelbau

Natürlich gibt es Kritiker. Und Vorschläge zur effizienteren Bewirtschaftung der Schiene und Straße. „Viele meinen, wir könnten mithilfe der Digitalisierung öfter Züge fahren lassen. Oder sie fragen, warum man nicht in Zukunft wasserstoffbetriebene Lkw verwendet", erzählt Daniel aus seinen Erfahrungen. Aber diese Ansätze lösen das Problem nicht, ist er sich sicher. Denn Lkw verstopfen die Straße trotzdem und zerstören sie auch. Ein Lastwagen nützt die Straße so stark ab wie 4.000 Pkw. Bei Zügen gäbe es tatsächlich Potenzial zur Effizienzsteigerung, räumt er ein. Aber in Güterwaggons werden große Mengen geliefert.
Der Bedarf des Marktes ist es aber, keine Lager mehr zu halten. Die Güter müssen direkt geliefert werden. Direkt heißt aber kleinteilig und just-in-time. Dafür ist der Zug nicht geeignet. Er ist gut für eine Wagenladung Mineralwasser oder eine Wagenladung Kies. Diese Lieferungen sind nicht im Plan von Cargo sous terrain.

„Die Kritiker sind im Sinne der Lösungsorientierung meine besten
Mitarbeiter."

Im Zuge der Entwicklung des Projekts hat man viele Herausforderungen gelöst. „Aber wir mussten uns diesen kritischen Fragen
auch stellen", erklärt Daniel. Als Head of Investor Relations ist er
dafür verantwortlich, dass die Investoren auch die Rendite bekommen, die sie erwarten. Seine Verantwortung besteht darin, alle
Kritikpunkte genau anzuschauen. „Ich präsentiere den Business
Case immer risikoorientiert. Wenn ich mit neuen Investoren

spreche, erzähle ich nur über die Risiken", erklärt der Verwaltungsrat. Denn die Risiken müssen im Verhältnis zur Rendite stehen. Wenn es keine Risiken gäbe, gäbe es auch keine Rendite. Beim Managen der Risiken sind die Kritiker wichtig, weil sie immer wieder darauf hinweisen, wo noch Fortschritte gemacht werden können. Der Dialog mit außen war ein maßgeblicher Treiber für die Projektentwicklung. Viele, auch kleine Innovationen, die das System beinhaltet, kamen aus diesem Dialog.

Vom Verein zur Aktiengesellschaft

„Als ich an Bord der Studie kam, war schon klar, dass die ursprüngliche Vorstellung, die normalen Lkw einfach unter der Erde fahren zu lassen, nicht rentabel sein würde", erzählt Daniel. Daher dachte man darüber nach, nur Gebinde zu transportieren. Mit diesen Ideen erweiterte man die Zusammenarbeit zwischen Einzelhändlern und weiteren Kunden, die an Infrastruktur und Logistik interessiert waren. Die Gedanken zur Reduktion des Lkw-Verkehrs führten zum logischen weiteren Schluss, die Warenauslieferung in den Städten mit alternativer Energie betreiben zu lassen. So kamen zwei Betreiber alternativer Energien ins Boot. Nach einem zweitägigen Innovationsworkshop erkannte man, dass die Auslieferung der Waren und Güter auch direkt mit den Städten verbunden werden musste. „Ab dann war klar, dass man noch viel größer denken und auch für die Finanzierung sorgen musste, wenn wir die Umsetzung starten wollten", beschreibt Daniel den Wendepunkt in der Geschichte.

Up-scaling anstatt Downsizing

Man musste also nicht nur ein Tunnelsystem schaffen, auch die City-Logistik sollte anders gestaltet werden. Ziel war, den Einsatz von Lkw in Städten und auf der Autobahn um 30 Prozent zu reduzieren.

> ## „In der Schweiz hat bald nicht nur der Käse Löcher."

Daniel Wiener

Bis 2045 wird ein 500 Kilometer langes Tunnelnetz zwischen Boden- und Genfersee mit Ablegern nach Basel, Luzern und Thun gegraben. 2026 ist der Spatenstich, mit dem der Bau der ersten 70 Kilometer langen Teilstrecke von Härkingen-Niederbipp nach Zürich-Flughafen beginnt. Diese Teilstrecke beinhaltet bereits zehn Anschlussstellen (Hubs) in Städten. Der weitere Ausbau erfolgt sukzessive. Die Gesamtkosten für den Bau der ersten Teilstrecke – inklusive Software, Hubs sowie unter- und oberirdischer Fahrzeuger (für die City-Logistik) – werden 3,6 Milliarden Schweizer Franken betragen.

Liefermodell

Inspiriert wurde die Ausführung vom Prinzip eines automatischen Fördersystems. In den Tunnels verkehren 24 Stunden täglich selbstfahrende, unbemannte Transportfahrzeuge. Sie nehmen an Rampen und Aufzügen automatisch Ladungen auf und geben diese auch wieder ab. Die kleinen Fahrzeuge fahren auf Rädern und verfügen über einen elektrischen Antrieb mit Induktionsschiene. Sie verkehren in dreispurigen Tunnels mit einer durchschnittlichen Geschwindigkeit von 30 km/h. Paletten und Güter in angepassten Behältern kommen so an ihren Bestimmungsort. Für den Lebensmitteltransport greift man auf kühlbare Fahrzeuge zu.

Haben die Fahrzeuge ihre Bestimmungsstadt erreicht, wird die Ware in Hubs an die Oberfläche gebracht und in der Stadt verteilt.

City-Logistik

Diese Hubs entstehen in bereits bestehenden Logistikzentren und stellen die Anbindung an alle Verkehrssysteme (Schiene, Straße, Wasser, Luftfracht) sicher. Sie ermöglichen ein voll automatisiertes Be- und Entladen der Fahrzeuge. Mittels Pater Noster werden die Waren entladen und ins Beförderungssystem eingespeist. Deren Bündelung und Ausgabereihenfolge erfolgt bereits im Tunnelsystem, wo auch die anschließende Feinverteilung vorbereitet wird. Hier setzt man mit einem City-Logistik-System auf umweltschonende Fahrzeuge. Man rechnet mit einer Entlastung von bis zu 30 Prozent des Lieferverkehrs und 50 Prozent der Lärmemissionen.

Die Finanzierung funktioniert nur gemeinsam.

> **99 Ich war von Anfang an darum bemüht, Interessenten aus allen Branchen dafür zu gewinnen."**

90 Aktionäre agieren als Geldgeber. Viele davon sind Konkurrenten. Die Bündelung der verschiedenen Interessen grenzt an einen Zaubertrick. „Ein Teil des Ansatzes ist tatsächlich die Zusammenarbeit zwischen Konkurrenten", erzählt Daniel über seine Strategie. Nachdem er z. B. ein großes Elektrizitätsunternehmen überzeugt hatte, suchte er sofort nach einem zweiten. Im Einzelhandel waren von Anfang an Konkurrenten mit dabei. Das ist bei Projekten selten, denn oft will jeder der Platzhirsch sein. Hier haben die Problemstellung, die allein nicht bewältigbar war, und die Zukunftsträchtigkeit sie geeint.

Die Gründung der Aktiengesellschaft war insgesamt eine sehr freudvolle Erfahrung. Natürlich mit vielen Detaildiskussionen, die man immer wieder führen musste, sagt Daniel, aber unterm Strich ist es eine Zusammenarbeit einer großen Gruppe von Menschen, die sich inzwischen als Community sehen.

Von der Vision zur Legislative

„Es war eine lange Übung", erzählt Daniel über den Prozess der Gesetzesänderung in der Schweiz. Doch 2022 verabschiedete das Parlament das „Bundesgesetz über den unterirdischen Gütertransport". Speziell für dieses Projekt verleiht es die rechtliche Sicherheit bauen zu können, ohne zu viele Einsprachen von Anlegern und oberirdischen Landbesitzern. Natürlich haben die Größe des Projekts, die wirtschaftlichen Vorteile und der nachhaltige Ansatz geholfen. Außerdem sei man in der Schweiz wie in Österreich versessen darauf, die Landschaft nicht zu verschandeln. Die Landschaft ist ein sehr hohes öffentliches Gut. „Mit diesem Gesetz sind wir der Eisenbahn ähnlich. Anerkannt vom Staat, aber im Gegensatz zur Eisenbahn ohne staatliches Geld", so Daniel.

Für den Bau der ersten Teilstrecke von Härkingen-Niederbipp nach Zürich-Flughafen – inklusive Software, Hubs sowie unter-

und oberirdische Fahrzeuge (für die City-Logistik) – sind 3,7 Milliarden Schweizer Franken veranschlagt. Insgesamt wird das Projekt 30 Milliarden Schweizer Franken kosten. „Eine darstellbare Summe", sagt Daniel. Denn Cargo sous terrain baut Land. Daher sind die Baukosten für CST niedrig und nicht hoch. Das Land, das unter der Erde geschaffen wird, gehört der Aktiengesellschaft dann auch. Das bedeutet, anstatt für ein Lagerhaus oben Miete zu zahlen, besitzt man dieses Lagerhaus unterirdisch und bezahlt keine Miete. Wenn es fertig gebaut ist, müssen nur die technischen Kosten abgeschrieben werden. Aus Sicht von Cargo sous terrain wird es 100 Jahre halten, im Finanzplan rechnet man mit 40 Jahren. „Einfach, um nicht zu übertreiben", so Daniel. Denn auf lange Sicht sind die ausbleibenden Lagermietkosten, die neuen nachhaltigen logistischen Möglichkeiten und natürlich der Wegfall der Lkw-Maut wesentlich günstiger, als weiterzumachen wie bisher. Mit Projektstart war man außerdem entschlossen, nur Erneuerbare Energie, die selbst mittels Solaranlagen und Windkraftanlagen produziert wird, zu benützen. Mit an Bord sind daher Aktionäre, die auch Kraftwerksbetreiber sind, um die nötige Kapazität aufzubauen, den Energiebedarf decken zu können. Die Geschäftspläne sehen für die Kunden Preise vor, die mit dem Straßentransport konkurrenzfähig sind.

Weitergabe der Expertise

Die Planung und Umsetzung einer völlig neuen Logistiklösung, für die Tunnels gegraben werden und die vollständig mit erneuerbarer Energie betrieben wird, ist ein Leuchtturmprojekt. Nicht nur die technische Seite und die Innovationen, die für die Umsetzung geschaffen wurden, sind Inspiration, auch die Einigung der Interessen von Konkurrenten und die private Finanzierung haben Vorbildwirkung. „Wir sind stark an der Lösung der Problemstellung und ihrer Umsetzung orientiert und keine Wissenschaftler", erklärt der Verwaltungsrat. Das bedeutet, dass man alle Abzweigungen, die in Richtung Forschung und Entwicklung gehen, denen überlässt, die

das wollen. Es gibt jedoch Anfragen aus Wien, Shanghai, Nairobi und verschiedenen Städten in den USA, mit denen der Dialog gepflegt wird. Ab dem Spatenstich 2026, wenn der Proof-of-Concept umgesetzt ist, gibt es Überlegungen zur Zusammenarbeit und Weitergabe der Expertise.

10

Nipun
Mehta

ist der Gründer von ServiceSpace. Was als Experiment
mit Freunden begann, ist 25 Jahre später ein globales
Ökosystem mit über 600.000 Mitgliedern. Nipun erhielt
viele Auszeichnungen, darunter den Preis „Unsung Hero
of Compassion" des Dalai Lama und wurde von Präsident
Obama als Berater in das Council for Inequality und
Poverty berufen.

Ethisch orientierte KI – kein Widerspruch

S eit dem Launch von ChatGPT hat die Welt das KI-Fieber auf dem ganzen Spektrum gepackt. Von der Überraschung über die ungeahnten Möglichkeiten in der Nutzung für Programmierung, Texterstellung, Bilderkreation und sogar dem Schummeln in der Schule bis zur Angst über den Jobverlust in vielen Berufssparten sind sämtliche Emotionen vorhanden.

„Die enorme Stärke der ‚Superintelligenz' könnte zu einer Entmachtung der Menschheit oder sogar zum Aussterben der Menschheit führen", schrieben OpenAI-Mitgründer Ilya Sutskever und OpenAI-

Abteilungsleiter für zukünftige Ausrichtung, Jan Leike, in einem Beitrag. „Derzeit haben wir keine Möglichkeit, eine potenziell superintelligente KI zu steuern oder zu kontrollieren und zu verhindern, dass sie eigene Wege geht."[14] Das Verbreiten dieser oder ähnlicher Bedrohungsszenarien in den Medien ist natürlich ein Verkaufsschlager. Sollten sie jemals akut werden, dann vermutlich in der weiteren Zukunft.

Ganz real ist aber die Gefahr, durch KI manipuliert zu werden, nicht mehr unterscheiden zu können, was original menschlich ist und welche Inhalte von Maschinen erstellt wurden. Das Tor zur Verbreitung gesteuerter und im schlimmsten Fall unkontrollierbarer Manipulation rassistischer, unethischer oder schlicht falscher Inhalte ist geöffnet.

Gibt es eine Möglichkeit, künstliche Intelligenz sinnvoll in unser Leben zu integrieren und zu welchem Nutzen? Sich über andere Formen menschlicher Intelligenz als dem IQ bewusst zu werden und an deren Integration im Machine Learning zu arbeiten, ist die Antwort von Nipun Mehta, Gründer von ServiceSpace. Über ein eigens für ServiceSpace-Inhalte erstelltes GPT beispielsweise werden die Nutzer mit dem gesamten Wissen des Ökosystems verbunden. Fragen werden in einem tiefen, verbindenden Kontext beantwortet.

ServiceSpace

Nipun Mehta ist Gründer von ServiceSpace, einem Inkubator von Projekten, der an der Schnittstelle von Volontariat, Technologie und Geschenkökonomie arbeitet. Was vor 20 Jahren im Silicon Valley begann, ist mittlerweile zu einem globalen Ökosystem mit über 600.000 Mitgliedern angewachsen, das Millionen von Dollar an kostenlosen Dienstleistungen erbracht hat. Nipun erhielt mannigfaltige Auszeichnungen, darunter den Preis des „Unsung Hero of Compassion" des Dalai Lama und wurde 2015 von Präsident

Barack Obama in den Rat für Poverty and Inequality berufen. Er ist Mitglied in den Beiräten der Seva Foundation, der Dalai Lama Foundation und des Greater Good Science Center.

Ist Künstliche Intelligenz das Ende des menschlichen IQs?

Präzise Vorhersagen über den zukünftigen Fortschritt von KI sind naturgemäß schwierig bis unmöglich. Sicher ist, dass die Entwicklung rapide voranschreitet. In immer mehr Bereichen übertrifft KI bereits menschliche Leistungen. Die Zeit ist ein wesentlicher Faktor, Machine Learning erfolgt 24 Stunden am Tag und wird exponentiell besser. Der Zugang zu KI wird nicht nur im beruflichen Umfeld immer leichter, sondern hat schon lange, fast unmerklich auch unser Privatleben erreicht.

In diesem Kontext stellen sich wichtige Fragen, sagt Nipun. Wie wird dargestellt, was uns als Menschen ausmacht? Unser Mitgefühl oder die Selbstlosigkeit etwa oder unsere Kreativität, die weit über das Erstellen von Texten oder Programmieren von Bildern hinausgeht? „Ich denke, dass wir Menschen durch unsere physische Präsenz, unser Bewusstsein und unsere Intention einen Kontext schaffen", sagt Nipun, „diese menschlichen Eigenschaften werden in einer Welt, in der die Rechenleistung exponentiell ansteigt, zunehmend gebraucht."

Denn die menschliche Erfahrung ist in mehreren Arten von Intelligenz verwurzelt. Die Messung des IQ ist nur eine Form. Wir wissen mittlerweile, dass ein hoher IQ ohne ausreichende emotionale Intelligenz (Emotional Quotient, EQ), etwa von Mitarbeiter:innen in einem Unternehmen, mehr schaden als nützen kann. Dazu kommen spirituelle Intelligenz (Spiritual Quotient, SQ), systemische Intelligenz (Systems Intelligence Quotient, SYQ), die etwa auch von Raj Sisodia erwähnt werden, sowie kollektive Intelligenz. Sich diese anderen Formen von Intelligenz bewusst zu machen und sie verstärkt zu kultivieren, wäre jetzt die Aufgabe, so Nipun.

> **" Ich denke, dass die Leistung der Maschinen, gepaart mit den weiterführenden menschlichen Fähigkeiten, wie der Intuition, in etwas Bedeutungsvolles gewandelt werden kann."**

Die Brücke zwischen Algorithmus und menschlicher Intuition

Wenn zwei Menschen miteinander kommunizieren, wird viel mehr ausgetauscht als nur die Worte, die gesprochen werden. Ein Bot könnte zwar die Worte verarbeiten. Der andere Austausch der geschieht: die Präsenz der beiden Personen, ihre Gefühle und die Tonalität, die in den Worten mitschwingt, die Art, wie sie sitzen und wie sie einander ansehen, wie sie ihre Hände bewegen und ob sie ernst sind, vergnügt oder gelangweilt. Das sind tiefgreifende Informationen, die jeder Mensch ständig verarbeitet, auch wenn wir uns dessen vielleicht nicht bewusst sind.

„Wir stehen auf einem Scheideweg", ist Nipuns Meinung. Die Menschen können sich jetzt in Angst zusammenziehen und verstecken, weil sie um ihre Jobs fürchten und sich vor dem unbekannten Neuen verschließen. Eine andere Möglichkeit wäre, uns mit Weisheit und Liebe zu verbinden und Antworten auf Fragen

zu suchen, wie: Was bedeutet der Einfluss von künstlicher Intelligenz auf unser Leben?

Mensch zu sein, heißt nicht nur, Antworten auf Aufgabenstellungen zu produzieren und Inhalte zu erstellen, sondern dazu einen Kontext zu ermöglichen. Für die Bereitstellung des Kontexts allerdings muss man eben nicht nur mit transaktional IQ-bezogenen Ressourcen arbeiten, sondern verschiedene Formen von Intelligenz verbinden.

> **„ Wenn wir aus Angst handeln und uns auf rein transaktionale Interaktionen beschränken, laufen wir Gefahr, immer isolierter und entfremdeter zu werden.“**

Oder wir können von dieser „Metaverse-Ansicht" zu einer „Mettaverse-Ansicht" übergehen. „Metta" ist das Pali (liturgische Sprache des Buddhismus) Wort für Liebe und Güte. In der Metta-Energie dehnt man sich aus, weil man sich mit anderen Menschen verbindet und auf der Beziehungsebene ein Feld gestaltet. So wird eins plus eins größer als zwei. Dieses „größer als die Summe der Teile werden" kann aber nur heranreifen, wenn man mit anderen in Beziehung steht. Das bedeutet, ein Gefühl von Vertrauen, Verständnis und Empathie zu kultivieren, das Gegenteil von Vereinsamung durch Angst.

KI hat das Potenzial, viele unserer Lebensbereiche, vor allem aber unsere Intimität zu unterwandern, sagt der ServiceSpace-Gründer. Wenn das Gefühl dieses Vertrauens verloren geht, bemächtigt sich Angst und Einsamkeit der Menschen. Diese Entwicklung zu vermeiden, benötigt Bewusstseinsbildung und strategische Vorgangsweise.

Learnings aus den Fehlern vom Umgang mit Social Media

„Ich glaube nicht, dass wir die Option haben, Künstliche Intelligenz aus unseren Leben auszuschließen", meint Nipun. In Kombination mit der Digitalisierung werden in vielen wirtschaftlichen Bereichen Erleichterungen und Verbesserungen geschaffen. Aber was geschieht auf der persönlichen Ebene? Wir sind jetzt schon durch unsere Mobiltelefone teilweise unbemerkt stark mit KI verwoben und diese Aspekte werden in vielen Teilen unseres Lebens bald noch stärker auftreten.

„Wenn soziale Medien unsere Aufmerksamkeit beeinflusst haben, denke ich, dass KI im schlimmsten Fall unsere Intimität beeinflussen wird", fürchtet Nipun.

Als Social Media vor mehr als 10 Jahren in das Leben der Menschen trat, dachten wir, wir hätten unseren Freundeskreis vergrößert. Tatsächlich hat es unsere Vorstellung von Freundschaft entwertet. Einer der Gründe ist, dass wir uns am Beginn der Nutzung der sozialen Medien nie fragten, was gesundes Engagement bedeutet und wo wir die Grenzen ziehen. Mittlerweile kann man Social Media-Sucht medizinisch nachweisen. Der Konsum setzt Dopamin, Endorphine, Oxytocin und Serotonin frei. Diese „Glückshormone" werden auch bei Glücksspiel ausgeschüttet.

Doch dafür haben wir Gesetze. Das Gleiche gilt für Alkohol und auch dafür gibt es gesetzliche Regelungen. Doch bei der Nutzung von Social Media haben wir im übertragenen Sinn für achtjährige Kinder die Bar geöffnet, sagt Nipun. Wir hatten weder Vorgaben noch Gesetze. Das liegt unter anderem auch daran, dass wir die Auswirkungen anfänglich selbst nicht verstanden hatten. „Deshalb müssen wir jetzt die Alarmglocken läuten und uns für Künstliche Intelligenz die richtige Handhabung überlegen", erklärt Nipun.

Er stellt Fragen wie:

> Wo werden wir die Grenzen ziehen?
> Wie können wir KI-Persönlichkeiten schaffen und kultivieren, die vermitteln und verstehen, was es bedeutet, menschlich zu sein?

Wenn der Einsatz von KI nur gewinnorientiert bleibt, werden die gleichen Fehler wiederholt, die bei Social Media gemacht wurden, aber mit weit schlimmeren Konsequenzen. Die Entwicklung der Social Media-Technologien war in vielerlei Hinsicht eine Geschichte von unbeabsichtigten Folgereaktionen. Darüber sind sich auch die Gründer der Plattformen einig. Basierend auf diesen Erfahrungen ist es umso wichtiger, einen kritischen Blick auf die Entwicklung zu werfen und gegenzusteuern. Denn wenn bei der Einführung einer neuen Technologie der CEO von Google im nationalen Fernsehen erklärt, man habe mit unbeabsichtigten Folgereaktionen zu rechnen, denn die KI hätte unabsichtlich Bengali gelernt, obwohl niemand sie dazu angewiesen hat, ist das Grund zur Besorgnis, sagt Nipun. Es wird klar, dass eine andere Auseinandersetzung und Gegensteuerung verlangt wird.

Regulative Maßnahmen

In Europa wird schon an der Gegensteuerung gearbeitet. Das erste Gesetz zur Regulierung des Einsatzes von Künstlicher

Intelligenz ist in Ausarbeitung. Es legt Verpflichtungen für Anbieter und Nutzer fest, die das Risiko, das von dem KI-System ausgeht, bewerten und sich danach richten. So werden KI-Systeme, die als Bedrohung für Menschen gelten, verboten. Dazu gehören:

> Kognitive Verhaltensmanipulation von Personen oder bestimmten gefährdeten Gruppen, zum Beispiel sprachgesteuertes Spielzeug, das gefährliches Verhalten bei Kindern fördert;
> Soziales Scoring: Klassifizierung von Menschen auf der Grundlage von Verhalten, sozioökonomischem Status und persönlichen Merkmalen;
> Biometrische Echtzeit-Fernidentifizierungssysteme, zum Beispiel Gesichtserkennung (Ausnahmen dazu werden nach gerichtlicher Genehmigung nur zur Verfolgung schwerer Straftaten zugelassen)

Weiters werden KI-Systeme, die ein hohes Risiko für die Gesundheit und Sicherheit oder für die Grundrechte natürlicher Personen darstellen, als hochriskant eingestuft und mit speziellen Auflagen bedacht oder verboten. KI-Systeme, die in Produkten verwendet werden, fallen unter die Produktsicherheitsvorschriften der EU. Dazu gehören etwa Spielzeug, Luftfahrt, Fahrzeuge, medizinische Geräte und Aufzüge. KI-Systeme, wie z. B.

+ die biometrische Identifizierung und Kategorisierung von natürlichen Personen,
+ die Verwaltung und der Betrieb von kritischen Infrastrukturen,
+ die allgemeine und berufliche Bildung,
+ die Strafverfolgung,
+ die Verwaltung von Migration, Asyl und Grenzkontrollen,
+ die Unterstützung bei der Auslegung und Anwendung von Gesetzen, etc.

müssen in einer EU-Datenbank registriert werden. Alle KI-Systeme mit hohem Risiko werden vor dem Inverkehrbringen und während ihres gesamten Lebenszyklus bewertet.

Für generative Modelle wie ChatGPT sieht die EU-Gesetzgebung die Erfüllung von Transparenzanforderungen, wie etwa die Offenlegung und die Veröffentlichung von Zusammenfassungen urheberrechtlich geschützter Daten, die für das Training verwendet wurden, vor.

Generell müssen alle KI-Systeme anhand ihres Risikopotenzials bewertet werden. Das sind sinnvolle und effektive Maßnahmen, mit denen die Entwicklung von KI und die Zusammenarbeit mit KI-Systemen geregelt werden soll.

Doch der humanitäre Aspekt, die Ausrichtung auf die tiefsten menschlichen Werte, nämlich sich zu verbinden und füreinander zu sorgen, werden hier noch nicht berücksichtigt.

ServiceSpaceGPT – ethisch wertvolle KI

Die Antwort des ServiceSpace-Ökosystems auf die großen Fragen der Menschheit verbunden mit Künstlicher Intelligenz, ist die Einführung eines GPT, das die menschlichen Werte in Betracht zieht. Das Ökosystem umfasst eine außerordentliche Sammlung an

Daten, die in den letzten 25 Jahren über eine Vielzahl an Webseiten und Diensten generiert wurde. Good News, inspirierende Videos, motivierende Artikel, die die verschiedensten Lebensbereiche betreffen, Geschichten über Freundlichkeit, Selbstlosigkeit, Learnings über die Verbindung zu sich selbst, zu anderen und etwas Höherem als man selbst, ebenso wie wissenschaftliche Erkenntnisse über die neuronalen Auswirkungen von Dankbarkeit und selbstloser Hilfe.

Die Suchergebnisse, die ServiceSpaceGPT präsentiert, basieren nicht wie üblich auf Keywords. Stattdessen liefert die KI Antworten im Kontext all dieser Informationen. Ein Beispiel:

„Was hältst du von den SDGs?"

Antwort ChatGPT: „Als KI habe ich keine eigenen Meinungen oder Gefühle. Aber ich kann dir sagen, dass die Sustainable Development Goals (SDGs) der Vereinten Nationen darauf abzielen, der Welt einen Rahmen für die Bewältigung dringender globaler Herausforderungen zu bieten. Dazu gehören Armut, Hunger, Gesundheit, Bildung, Gerechtigkeit, Gleichberechtigung, Energie, Wirtschaftswachstum, Infrastruktur, Ungleichheit, Städte, nachhaltiger Konsum, Klimawandel, Unterwasserleben, Landökosysteme, Frieden und Partnerschaften. Der allgemeine Konsens ist, dass diese Ziele lobenswert sind, obwohl die Umsetzung komplex und schwierig ist."

Antwort ServiceSpaceGPT: „Als eine Organisation, die darum bemüht ist, Veränderungen auf sowohl individueller als auch globaler Ebene zu bewirken, begrüßen wir die Sustainable Development Goals (SDGs) der Vereinten Nationen sehr. Sie sind ein fantastischer Rahmen, um auf mehreren Ebenen aktiv zu werden und stellen einen bedeutenden Schritt auf dem Weg zu transformationaler globaler Führung dar. Jedes der Ziele ist inklusiv und berücksichtigt sogar Menschen, an die wir sonst vielleicht gar nicht gedacht hätten. Siege wie die Beendigung der Armut oder die Bekämpfung der Klimakrise mögen unmöglich erscheinen, wenn sie ein Individuum betrachten – „Was kann ich tun?" Aber wenn wir uns als kollektive Einheit betrachten, können wir diese scheinbar unerreichbaren Ziele erreichen. Es geht darum, die Füllung des anscheinend Unmöglichen für jeden Menschen zu generieren. Und ServiceSpace engagiert sich dafür, dieses Gefühl der kollektiven Möglichkeit durch unseren Fokus auf Kleinstservice und das Anspornen der innewohnenden Großzügigkeit der Menschen zu fördern."

„Es ist faszinierend zu sehen, welches Potenzial eine KI mit dieser Aufgabe birgt", freut sich Nipun.

Nach dem erfolgreichen Start des Chatbot, der die äußert umfangreiche Bibliothek von ServiceSpace umfasst, arbeitet das Team daran, weitere Bots für andere Vordenker und Content Creators zu erstellen, die zu einem pro-sozialen Narrativ in der Welt beitragen. Nächste Schritte sind der Einsatz von RLHF (Reinforcement Learning from Human Feedback), um gemeinsam eine Intelligenz zu schaffen, die Big Data mit menschlicher Intuition verbindet. Die Idee ist, diesen kollektiven Datensatz in die größeren Sprachmodelle zu integrieren. Die Ergebnisse inspirierten ServiceSpace, die Technologie an andere Gleichgesinnte mit großen Inhaltsbeständen weiterzugeben – Autoren und Lehrmeister:innen wie Sharon Salzberg, Organisationen wie HeartMath und Theologien wie GandhiGPT, um verschiedene KI-Persönlichkeiten zu schaffen. Und um ein breiteres Spektrum der Integration von verschiedenen Formen von Intelligenz in KI zu kultivieren, organisiert ServiceSpace den Austausch von indigenen Ältesten und Tech-Innovatoren an unterschiedlichsten Orten vom Silicon Valley über Japan bis Indien.

Hinweis: Du kannst ServiceSpaceGPT selbst ausprobieren (beim ersten Mal kostenlos registrieren): https://ai.servicespace.org/

11

Epilog –
Anregungen für
Consciousness

> # „
> **Es gibt zwei Arten,
> sein Leben zu leben:
> entweder so, als wäre
> nichts ein Wunder,
> oder so, als wäre
> alles ein Wunder."**
>
> Albert Einstein

Conscious Mind

Jeden Tag
> Unterbrich deine Routine, um etwas ganz
> anderes oder gar nichts zu tun.
> Denke an etwas, für das du dankbar bist.
> Wenn möglich, schmunzle, lächle oder lache.

Denkpausen einrichten
> Aussicht, Blick aus dem Fenster, etwas beobachten.
> Stell dir die Frage: Woran werde ich als nächstes denken?
> Stell dir die Frage: Wer bin ich in meinem Wesenskern?

Beispiele für „Random Acts of Kindness"
> Schreibe jemanden einen Brief, in dem du Wert-
> schätzung ausdrückst.
> Etwas Gutes tun, ohne dass jemand mitbekommt,
> dass du es warst.
> Menschen, die um etwas bitten, spontan
> den Wunsch erfüllen.

„ Das Einzige, das du jemals haben wirst, ist deine Gegenwart."

nach Eckhart Tolle

10 Tipps[15]

+ Innere Stärke und Gelassenheit lassen sich nicht
  auf Knopfdruck einschalten. Ein probates Mittel ist
  Meditation – schon 15 Minuten täglich verändern dich.
+ Richte deine Aufmerksamkeit nicht vor allem auf
  Probleme, sondern auch auf das, das bereits gut ist.
+ Meide problemzentrierte Energieräuber.
+ Vermeide negative Gedanken.
+ Führe eine Ju-Hu-Liste. Nicht jeder Tag ist gut,
  aber jeder Tag hat etwas Gutes.
+ Schließe bewusst Frieden mit deiner aktuellen
  Situation und mit deiner Vergangenheit.
+ Denke bei wiederkehrenden Konflikten an die Situation
  der anderen Menschen und an deren gute Seiten.
+ Achte darauf, was du zu dir nimmst. Beim Essen und
  bei Informationen. Ein reduzierter Umgang mit Medien
  entgiftet deinen Geist.
+ „Digital Ditox", vor allem vor dem Schlafen gehen,
  steigert dein Wohlbefinden.
+ Work out daily – und wenn es „nur"
  Alltagsbewegung ist.

„ Better Leaders
Better World." [16]

Conscious Leadership

Unsere heutige Unternehmenswelt verlangt ein
bewusstes Verständnis von Führung:

> Menschenorientiert
> Wertebasiert
> Sinnstiftend
> Lösungsorientiert
> Ehrlich, entspannt und transparent

Wofür bewusste Führung steht
> Für die Gestaltung selbstbewusster, innovativer
  und agiler Organisationen.
> Für die Potentialhebung aller involvierten Menschen
  mit all ihren Möglichkeiten und Eigenschaften.
> Für Abenteuer, Empathie, Zuneigung und Begeisterung.
> Für die Schaffung angstfreier Räume,
  für Entfaltung und Entwicklung.
> Für Verantwortung für alle Beteiligten, die Gesellschaft
  und die Umwelt.

Achtsamkeit und Resilienz – stell dir Fragen wie diese:
> Wie kann ich in einer sich verändernden Welt
  Entscheidungen treffen?
> Wie finde ich Präsenz, Sicherheit und innere Ruhe?
> Wie kann ich in komplexen Organisationen wirksam werden?

Akzeptiere, dass Intellekt, Seele und Körper gleichermaßen gefordert sind. Und dass es deine Erdung, deine Überzeugungen und klare Ausrichtung braucht, um für andere in deiner Organisation da zu sein.

Versuche täglich, deinen Geist durch Lernen und Erkenntnis zu stimulieren und nähre dein Selbst durch Reflexion, emotionale Intelligenz und Lebenssinn.

10 Tipps

+ Sei offen für unterschiedliche Perspektiven, hör gut zu.
+ Gib den persönlichen Situationen Raum und Zeit.
+ Lass Emotionen zu.
+ Drücke deine Wertschätzung aus.
+ Hol dich und andere mutig aus sogenannten Komfortzonen.
+ Gestalte deine Führungsaufgabe als eine Reise zu dir selbst.
+ Mach dir bewusst, dass Stabilität immer eine zeitliche Komponente hat.
+ Sei bereit, in Zeiten entscheidender Veränderungen die Initiative zu ergreifen.
+ Sei bereit, loszulassen und weiterzugehen.
+ Vertraue den Prozessen und der Kraft, die entsteht, wenn gemeinsam etwas Neues geschaffen wird.

> # „ Zwischen Reiz und Reaktion liegt der Raum der inneren Freiheit."

nach Viktor Frankl

Conscious Culture

Kernfragen
> Wer sind wir?
> Warum sind wir da?
> Was sind unsere Werte und Überzeugungen?
> Was macht uns aus, was wollen wir vor allem anderen erreichen?
> Wie stiften wir Sinn untereinander und nach außen?
> Was treibt uns an, das ganz tief verankert ist und lange gültig bleibt?

Erweiterte Fragen
> Wie ist die Grundstimmung bei uns im Unternehmen?
> Nutzen wir unsere Verschiedenheit so gut wie möglich?
> Gehen wir auf unterschiedliche Emotionen und Bedürfnisse ein?
> Wie verbindet und verändert uns unsere bewusste Kultur?
> Wie nehmen wir unsere Verantwortung für Gesellschaft und Umwelt wahr?

+ Stellen wir die Sinnfrage.
+ Stellen wir den Status quo in Frage.
+ Finden und stellen wir uns „toxischem Verhalten", selbst wenn es „im Sinne der KPIs performed".
+ Schaffen wir Zusammenhalt, suchen und entwickeln wir, was uns verbindet.
+ Schaffen wir „Moments that Matter".
+ Schaffen wir einen Rahmen, innerhalb dessen Transformation gewünscht und als notwendig angesehen wird.
+ Geben wir in Veränderungsprozessen Verantwortung und Entscheidungshoheit an Teams abseits der klassischen Hierarchien.
+ Schaffen wir angstfreie Räume.
+ Akzeptieren und unterstützen wir die individuelle und kollektive Suche nach Sinn, Erfüllung und Glück.
+ Akzeptieren wir die Endlichkeit und die Ambidextrie von Stabilität und Veränderung.

-

Conscious Innovation

Unternehmen, die in der Zeitenwende erfolgreich ihren Beitrag leisten möchten, sind bereits aufgebrochen. Um zu erkennen, was als Nächstes kommt, brauchen wir bestimmte Fähigkeiten. Energie- und Umwelttechnologien, Kreislaufwirtschaft, Ressourceneffizienz und Dekarbonisierung ermöglichen innovative Geschäftsmodelle und erfordern Co-Creation über Unternehmensgrenzen hinweg.

> **„ Innovation lässt sich in zwei Bereiche aufteilen. Die ‚Exploit'-Projekte, bei denen es um bestehende Geschäftsmodelle, Produkte und Dienstleistungen geht – und die ‚Explore'-Initiativen, das Auskundschaften des Neuen."**
>
> nach Alexander Osterwalder

Wie kann Innovation neben dem Kerngeschäft funktionieren?

+ Pro Prokrastination. Sorge öfter mal für Ruhe, so können
  die besten Ideen entstehen und gedeihen.
+ Ambidextrie fördern. Die Fähigkeit sowohl effizient als auch
  flexibel zu sein, bewusst in unterschiedlichen Dimensionen
  entwickeln: zeitlich, kontextuell, organisational.
+ Das Innovators Dilemma lösen. Der Aufbau einer neuen
  Organisation kann die beste Strategie für eine disruptive
  Technologie sein.
+ Innovationstheater vermeiden. Innovation Labs, Spaces,
  Journeys, Challenges, Pitches, Workshops – alles wird zu
  Makulatur, wenn der Boden nicht bereitet ist. Die Kultur, die
  Menschen und die Organisation müssen die Veränderung
  wollen und können.
+ Fehlerkultur richtig verstehen. Das heißt nicht, Fehler, die
  trotz vorhandenem Wissen oder Erfahrungen, gemacht werden
  zu entschuldigen, sondern Irrtümer im unbekannten Terrain
  als unvermeidlich anzusehen.
+ Ein echtes Innovation-Ecosystem initiieren. Das bedeutet,
  man arbeitet an einer konkreten Value-Proposition. An der
  Innovation arbeiten unterschiedliche Unternehmen gemeinsam, und zwar an Modulen, die die jeweils anderen Partner
  nicht oder nicht so schnell entwickeln könnten.
+ „Zu viel" vermeiden. Over Innovation, Overdesign,
  Overengineering, Overthinking: Zu viel ist zu viel und
  zerstört die vielversprechendste Innovation.
+ Innovation ist überall. Wer glaubt Innovation in F&E-Abteilun-
  gen, bei Innovations:managerinnen oder in Patenten verorten
  zu können, hat vermutlich bereits verloren. Alle Menschen im
  Unternehmen, inklusive dem gesamten „C-Level", sind für
  Innovation verantwortlich.

+ Trust The Process. Lassen wir die Kraft von „Co-Creation"
  wirken. Nicht alles lässt sich planen und steuern.
  Ein Stage-Gate®-Prozess passt oft genauso wenig wie
  penibles Budgetieren.
+ Neue Perspektiven. Wer Neues will, muss neue Ansichten
  fördern, ermöglichen, ja erzwingen. Lassen wir eine kritische
  Anzahl von begeisterten Vorreitern los und seien wir uns
  bewusst, dass wir nicht alle mitnehmen werden.
+ Mut. Seid mutig.

Conscious Universe?

Nicht jeder muss sich mit Quantenphysik beschäftigen. Auf der anderen Seite ist es atemberaubend, was Wissenschaftler für möglich oder für sehr wahrscheinlich halten, und was einwandfrei wissenschaftlich bewiesen ist, so dass sich hin und wieder ein Blick darauf lohnt.

Zwischen Atomkernen und Elektronen gibt es mehr Platz als man denkt. Wir Menschen zum Beispiel bestehen aus 99,999999999 Prozent massenleerem Raum. Nach der Kopenhagener Interpretation ist der massenleere Raum, dieses Vakuum, voll von Energie und Information, allerdings nur virtuell.[17] Um real zu werden brauche es die Beobachtung. Beobachtung ist an Sinn und Bedeutung gebunden und an ein Bewusstsein. Auch wenn es bei KI so wirken mag: Maschinen haben kein Bewusstsein und keine Beobachtungsgabe, das können nur Menschen und andere Lebewesen. In dem Moment, wo es passiert, also die Erfassung durch ein Bewusstsein, würden die unendlichen Möglichkeiten in eine einzige Realität kollabieren. Anders gesagt: Keine objektive Realität ohne Bewusstsein. Und das Meer aller Möglichkeiten wäre eines im gesamten Universum. Ohne Raum, ohne Zeit, instantan, also sofort, überallhin verbunden.[18]

> ## „ Ich bin Anhänger der Kopenhagener Interpretation[19]. Wir müssen uns wohl von dem naiven Realismus[20], nach dem die Welt an sich existiert, unabhängig von unserer Beobachtung, verabschieden."

nach Anton Zeilinger

Anton Zeilinger wurde in Ried im Innkreis geboren, er ist ein österreichischer Quantenphysiker und Professor Emeritus an der Universität Wien. Im Jahr 2022 wurde ihm gemeinsam mit Alain Aspect und John Clauser der Nobelpreis für Physik zuerkannt. Zeilinger erhielt den Nobelpreis für Experimente mit verschränkten Photonen und allgemein verschränkten Quantenzuständen, wobei er unter anderem die Quantenteleportation nachwies.
Wir befinden uns in einer Versuchsanordnung in einem Versuchslabor auf der Wiener Donauinsel. Die Laser – so wird uns erklärt – senden ein spezielles Licht. Licht besteht aus Photonen. Der Laser produziere Photonen, die paarweise miteinander verbunden, verschränkt wären. Wenn ein Photon gemessen wird, wird der Status des anderen instant verändert, egal wie weit das andere Photon entfernt ist.[21]

Für Einstein war das noch Theorie und „Spooky Action at a distance", für Schrödinger war es bereits das „Neue Normal", Anton Zeilinger hat es praktisch bewiesen.

> **99** Diejenigen, die nicht schockiert sind, wenn sie zum ersten Mal mit Quantenmechanik zu tun haben, haben sie nicht verstanden".

Nils Bohr

Die R-Strategien

Zirkulär, erneuerbar, sinnstiftend
Produkte und Materialien im Kreislauf führen [22]

Es existieren Strategien, die den Verbrauch von natürlichen
Ressourcen reduzieren und die Kreislaufführung von Materialien
unterstützen, wodurch die Entstehung von Abfall verringert wird.[23]

1   Recycle – Rohstoffe zurückzugewinnen
2   Repurpose – einen anderen Nutzen erreichen
3   Remanufacture – neue Produkte aus intakten Komponenten
4   Refurbish – auf neuesten Stand bringen
5   Repair – die weitere Nutzung ermöglichen
6   Reuse – weiterverwenden
7   Reduce – weniger Materialeinsatz
8   Rethink/Refuse – intensiver nutzen, sharing
    oder ganz verzichten
9   Renew – Einsatz grüner Energie und
    nachwachsender Rohstoffe

10 Respect – vor Mensch, Umwelt, Biodiversität

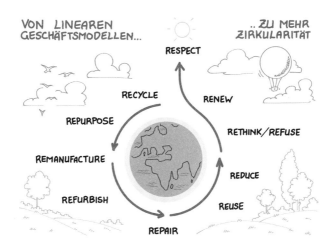

TEN-Design

Bei den TEN handelt es sich um nachhaltige Strategien, die Designer dabei unterstützen sollen, die Umweltauswirkungen zu reduzieren. Die TEN sind keine Checkliste, sondern vielmehr ein Rahmen für kreatives Denken und Handeln.

Design

to Minimize Waste
for Cyclability
to Reduce Chemical Impacts
to Reduce Energy and Water Use
that Explores Cleaner Technologies
that Takes Models from Nature & History
for Ethical Production
to Reduce the Need to Consume
to Dematerialize and Develop Systems & Services

https://www.beckyearley.com/the-ten

Ganz zum Schluss –
Longing for outer Space

Hatten wir das nicht schon? Die Reise zum Mond und von dort dann in die unendlichen Weiten des Weltalls? Oder war es eine Fernsehserie? Apollo 17 war vor gut 50 Jahren der elfte bemannte und bisher letzte Flug des Apollo-Programms und der bisher letzte bemannte Flug zum Mond. Nun geht es mit Artemis der NASA wieder los und der Slogan ist durchaus selbstbewusst: OUR SUCCESS WILL CHANGE THE WORLD.

Auch Europäer, Japaner, Russen, Inder, Chinesen, hat wieder das Weltraumreisefieber gepackt. Kein Zweifel, die Weltraumfahrt hat Innovationen hervorgebracht und wer weiß, vielleicht finden wir mal Rohstoffe, bei denen es sich irgendwann auszahlt, sie auf die Erde zu bringen.

Wären in der aktuellen Phase des Anthropozäns nicht erdbezogenere Alternativen in der Forschung sinnvoller? Klar, der Weltraum ist etwas, bei dem es quasi unendlich viel zu erforschen gibt, und die Vorstellung davon entfaltet, wie schon bewiesen, enorme Kraft. Aber machen wir uns kurz die Dimensionen klar: Die Internationale Raumstation, die bislang größte und aktuell einzige Raumstation der Menschheit, umkreist die Erde in ungefähr 400 Kilometer Höhe. Das sind gerade drei Prozent des Durchmessers der Erde, also nicht viel. Die diversen Weltraumabenteuer der Milliardäre spielen sich in einer Höhe von etwa 100 Kilometer ab. Eigentlich vermessen, hier schon von Weltraum zu sprechen, wenn es nach wenigen Minuten auch schon wieder zurück in die Atmosphäre geht. Zum Mond soll es nun in etwa drei Tagen gehen und irgendwann zum Mars in neun Monaten. Zum Saturn hat die Cassini-Raumsonde knapp sieben Jahre gebraucht und dann, außerhalb unseres kleinen Sonnensystems wird es schon recht lang: Zum allernächsten Sonnensystem, dem Stern Alpha Centauri, braucht das Licht über vier Jahre. Dort soll es sogar einen erdähnlichen Planeten geben. Eine Raumsonde würde allerdings zigtausende Jahre dorthin benötigen, wohlgemerkt erst zum nähesten Stern. Die nächste größere Galaxie liegt dann schon 2,5 Millionen Lichtjahre von der Milchstraße entfernt, die entfernteste wohl um die 13,5 Milliarden Lichtjahre.

Weltraumforschung ist unbestritten sinnvoll und hat unglaubliche Ergebnisse gebracht. Die Weltraumwissenschaft benutzt Techniken der Raumfahrt, bemannt und unbemannt, die meiste Weltraumforschung findet jedoch auf der Erde statt, etwa mit Teleskopen. Anders als man vielleicht vermuten möchte, dient nur ein kleiner Teil der Raumfahrt der Forschung, ein großer Teil hat andere Zwecke, etwa kommerzielle oder militärische.

Ist es vorstellbar, Mittel aus der bemannten Raumfahrt für andere, lohnendere Ziele auf dieser Erde auszugeben? Für die Erforschung der Tiefen des Meeres oder für die Erhaltung der Permafrostböden, der Arktis oder dem Schutz der Biodiversität? Vielleicht wirkt die Frage naiv angesichts der Interessen von Institutionen wie etwa der NASA, der ESA, der Raumfahrbehörde Chinas und anderer. Dennoch:

Ist es nicht merkwürdig an „Moon, Mars and beyond" festzuhalten, obwohl es für Menschen unmöglich bleiben wird, jedenfalls für sehr, sehr lange Zeit, über den Mars hinaus zu gelangen? Und was hoffen wir am Mars zu finden, das wir nicht schon haben und hier bewahren sollten?

Und wäre es nicht an der Zeit, neue, kraftvolle Bilder für die Zukunft auf dieser Erde zu kreieren als Ergänzung zum 1,5-Grad-Ziel?

Wie könnten diese aussehen?

Endnoten

1   Rosling, H., Rönnlund, A. R. & Rosling, O. (2020). Factfulness: Ten Reasons We're Wrong About the World--and Why Things Are Better Than You Think. Flatiron Books.

2   Our Word in Data (2015), Weltbank (2016), Agenda Austria

3   Raj Sisodia ist Professor am Babson College, Mitbegründer von „Conscious Capitalism" und Autor zahlreicher Bücher.

4   Riley, A. (2014). The Social Thought of Emile Durkheim. SAGE Publications.

5   Sinn, H.W. (2022) Weihnachtsvorlesung: „Schwarze Schwäne - Krieg, Inflation und ein energiepolitischer Scherbenhaufen"

6   Meadows, D. H. (1974). The Limits to Growth: A Report for the Club of Rome's Project on the Predicament of Mankind. New York : Universe Books

7   Spektrum der Wissenschaft. (2015). Wie Exxon den Klimawandel entdeckte – und leugnete: https://www.spektrum.de/news/wieexxon-den-klimawandel-entdeckte-und-leugnete/1374674

8   Freitag, R. (2022). Vortrag und Diskussion beim Corporate Culture Jam 2022

9   Mackey, J. & Sisodia, R. (2014). Conscious Capitalism, With a New Preface by the Authors: Liberating the Heroic Spirit of Business. Harvard Business Review Press.

10   Schumpeter, J. (2017). Theory of Economic Development. Routledge.

11   Westfälische Nachrichten (20. Mai 2022). Auch bei Apple wirkten seine Entwürfe – Der legendäre Designer Dieter Rams wird heute 90, Kultur, Frankfurt, dpa.265

12   Manager Magazin (20. Oktober 2007). Dieter Rams, Der AppleInspirator. https://www.manager-magazin.de/lifestyle/technik/a511925.html

13   Vergl. Lingens, B. (2022). Vortrag beim Austrian Innovation Forum 2022

14   Der Standard, 6. Juli 2023

15   Nach Markus R. Blocher. Mentas.cc

16   Leadership Manifesto, Masterful Coaching, Brookline

17   Stanford Encyclopedia of Philosophy, https://plato.stanford.edu/entries/qm-copenhagen/

18   Warnke, U. (2023). Gehirn-Magie: Der Zauber unserer Gefühlswelt. Scorpio Verlag.

19   Kopenhagener Deutung. Wikipedia. 7/2023. https://de.wikipedia.org/wiki/Kopenhagener_Deutung

20   Naiver Realismus. Wikipedia. 7/2023. https://de.wikipedia.org/wiki/Naiver_Realismus

21   Zeilinger, A. (2023). Dance of the Photons: Einstein, Entanglement and Quantum Teleportation. Random House.

22   Nach von Unruh Friederike et al. Produkte und Materialien mit der Hilfe der R-Strategien im Kreislauf führen. 7/2023 https://www.prosperkolleg.de/r-strategien

23   Potting, J., Hekkert, M., Worrell, E. & Hanemaaijer, A.(2017). Circular economy: Measuring Innovation in the Product Chain.

Bilderverzeichnis

© **Copyright, Seite...** | 6, Anni Moisala | 7, SUCCUS - Philipp Viehtauer |
9, Pham Huy Trung | 10, SUCCUS - Pascal Riesinger | 12, SUCCUS - Pascal
Riesinger | 13, SUCCUS | 14, Adobe Stock | 15, SUCCUS | 17, SUCCUS -
Elke Holzmann-Riedler | 19, SUCCUS - Pascal Riesinger | 19, SUCCUS -
Philipp Viehtauer | 21, SUCCUS | 22, Adobe Stock | 23, SUCCUS - Philipp
Viehtauer | 24, Adobe Stock | 27, SUCCUS - Tobias Gerberg | 28, SUCCUS |
3, Adobe Stock | 33, SUCCUS - Pascal Riesinger | 34, SUCCUS - Pascal
Riesinger | 37, Adobe Stock | 38, Pham Huy Trung | 39, SUCCUS - Philipp
Viehtauer | 40, SUCCUS - Pascal Riesinger | 43, SUCCUS - Elke Holzmann-
Riedler | 45, SUCCUS - Pascal Riesinger | 46, SUCCUS - Elke Holzmann-
Riedler | 49, SUCCUS - Pascal Riesinger | 50, SUCCUS - Elke Holzmann-
Riedler | 53, Adobe Stock | 54, Pham Huy Trung | 55, SUCCUS - Philipp
Viehtauer | 57, SUCCUS - Pascal Riesinger | 58, SUCCUS - Pascal Riesinger |
61, SUCCUS - Pascal Riesinger | 62, SUCCUS - Pascal Riesinger | 65, Raj
Sisodia | 67, SUCCUS - Susanne Kurz | 69, Adobe Stock | 70, Pham Huy
Trung | 72, SUCCUS - Pascal Riesinger | 73, SUCCUS | 74, Pham Huy Trung |
75, 76, 79, 81, 83, 84, 86, 89, SUCCUS - Philipp Viehtauer | 91, shutterstock |
92, Adobe Stock | 93, SUCCUS - Philipp Viehtauer | 95, SUCCUS - Sebastian
Judtmann | 96, SUCCUS - Pascal Riesinger | 99, Adobe Stock | 100,
SUCCUS - Susanne Kurz | 103, SUCCUS | 105, DERFRITZ | 107, SUCCUS -
Pascal Riesinger | 108, AVL List | 109, SUCCUS - Philipp Viehtauer |
110, SUCCUS - Elke Holzmann-Riedler | 112, AVL List | 115, SUCCUS - Elke
Holzmann-Riedler | 117, SUCCUS - Pascal Riesinger | 119, SUCCUS - Pascal
Riesinger | 120, SUCCUS - Susanne Kurz | 123, SUCCUS - Pascal Riesinger |
124, Adobe Stock | 125, SUCCUS - Philipp Viehtauer | 127, Adobe Stock |
128, SUCCUS - Pascal Riesinger | 129, SUCCUS - Pascal Riesinger |
130, SUCCUS - Pascal Riesinger | 133, Pham Huy Trung | 133, Adobe Stock |
134, Hydro-X | 136, SUCCUS - Pascal Riesinger | 139, Adobe Stock |
140, Cargo sous terrain | 141, SUCCUS - Philipp Viehtauer | 142, SUCCUS -
Pascal Riesinger | 145, SUCCUS - Pascal Riesinger | 146, Cargo sous terrain |
147, Adobe Stock | 148, SUCCUS - Pascal Riesinger | 151, SUCCUS - Pascal
Riesinger | 152, SUCCUS - Elke Holzmann-Riedler | 155, Adobe Stock |
156, Digital Art - Pascal Riesinger | 157, SUCCUS - Philipp Viehtauer |
158, SUCCUS - Sebastian Judtmann | 160, Adobe Stock | 161, SUCCUS -
Elke Holzmann-Riedler | 163, Digital Art - Pascal Riesinger | 165, SUCCUS -
Sebastian Judtmann | 166, Digital Art - Pascal Riesinger | 169, 170 SUCCUS -
Pascal Riesinger | 173, Digital Art - Pascal Riesinger | 176, Pham Huy Trung |
179, SUCCUS - Susanne Kurz | 180, SUCCUS | 183, SUCCUS | 184, Lorena
Nabilah Blocher | 187, Digital Art - Pascal Riesinger | 188, SUCCUS |
191, SUCCUS - Susanne Kurz | 192, SUCCUS | 195, Digital Art - Pascal
Riesinger | 196, Pham Huy Trung | 197, SUCCUS - Philipp Viehtauer |
199, Pham Huy Trung | 200, SUCCUS | 203, Adobe Stock

Literaturverzeichnis und -empfehlungen

Bates, T. & Petouhoff, N. (2021). Empathy in action: How to Deliver Great Customer Experiences at Scale. IdeaPress Publishing

Blocher, H. & Blocher, M. R. (2013). Das Buch der Leichtigkeit: 64 Antworten für jede Lebenslage.

Boos, F. & Buzanich-Pöltl, B. (2020). Moving Organizations: Wie Sie sich durch agile Transformation krisenfest aufstellen.

Brandão, M., Lazarevic, D. & Finnveden, G. (2020). Handbook of the Circular Economy. Edward Elgar Publishing.

Bregman, R. (2020). Im Grunde gut: Eine neue Geschichte der Menschheit. Rowohlt Verlag.

Mau, B. (2020). Bruce Mau: MC24: Bruce Mau s 24 Principles for Designing Massive Change in your Life and Work. Phaidon Press.

Christensen, C. M. (2011). The innovator's dilemma: The Revolutionary Book That Will Change the Way You Do Business. HarperBusiness.

Dittmar, V. (2021). Echter Wohlstand: Warum sich die Investition in inneren Reichtum lohnt - Ein Plädoyer für neue Werte. Kailash Verlag.

Göpel, M. (2023). Rethinking our world: an invitation to rescue our future. Scribe Publications.

Hagmann, J. (2018). Hört auf, Innovationstheater zu spielen! Wie etablierte Unternehmen wirklich radikal innovativ werden. Vahlen.

Hengstschläger, M. (2020). Die Lösungsbegabung: Gene sind nur unser Werkzeug. Die Nuss knacken wir selbst! ecoWing.

Herrmann, U. (2022). Das Ende des Kapitalismus: Warum Wachstum und Klimaschutz nicht vereinbar sind – und wie wir in Zukunft leben werden. Kiepenheuer & Witsch.

Laszlo, E. (2021). My journey: A Life in Quest of the Purpose of Life. Select Books (NY).

Lercher, H. (2019). Big Picture - das Grazer Innovationsmodell: Innovationsmanagement auf einen Blick verstehen - ganzheitlich, strategisch und zyklisch planen - pragmatisch einführen.

Mackey, J. & Sisodia, R. (2014). Conscious Capitalism, With a New Preface by the Authors: Liberating the Heroic Spirit of Business. Harvard Business Review Press.

Meadows, D. H. (1974). The Limits to Growth: A Report for the Club of Rome's Project on the Predicament of Mankind. New York : Universe Books.

Patiño-Galván, I. (2023). Innovation and Entrepreneurship Ecosystems: An Evolutionary Vision in the Creation of Local Ecosystems. Springer Nature.

Permantier, M. (2019). Haltung entscheidet: Führung & Unternehmenskultur zukunftsfähig gestalten. Vahlen.

Rappaport, A. (1986). Creating Shareholder Value: The New Standard for Business Performance.

Reckhaus, H. (2020). Fliegen lassen: Wie man radikal und konsequent neu wirtschaftet. Murmann Publishers GmbH.

Rosling, H., Rönnlund, A. R. & Rosling, O. (2020). Factfulness: Ten Reasons We're Wrong About the World--and Why Things Are Better Than You Think. Flatiron Books.

Sisodia, R., Henry, T. & Eckschmidt, T. (2018). Conscious Capitalism Field Guide: Tools for Transforming Your Organization. Harvard Business Press.

Schumpeter, J. (2017). Theory of Economic Development. Routledge.

Verne, J. (2015). Die geheimnisvolle Insel: Alle drei Teile in einem Buch. BoD – Books on Demand.

Warnke, U. (2023). Gehirn-Magie: Der Zauber unserer Gefühlswelt. Scorpio Verlag.

Weinzettl, J. (2019). Innovation im Umbruch: Aufbruch in die Zukunft - 45 VordenkerInnen im Interview.

Who Am I (1990): The Teachings of Bhagavan Sri Ramana Maharshi.

Yalom, I. D. & Yalom, M. (2021). Unzertrennlich: Über den Tod und das Leben. btb Verlag.

Zeilinger, A. (2023). Dance of the Photons: Einstein, Entanglement and Quantum Teleportation. Random House.

Danke!

Viele Menschen haben uns bei der Entstehung dieses Buches unterstützt. Vor allem die Personen, die ihre Geschichte erzählten und so andere an ihren Erfahrungen teilhaben lassen.

Danke Hans-Dietrich, Leo, Raj, Fredi, Eva, Gebhard, Viktoria, Amir, Daniel und Nipun für eure Offenheit und Inspiration.

Danke Barbara für die Klarheit im Lektorat und Christine für das wundervolle Design.

Ein Buch zu schreiben, nimmt Zeit in Anspruch.
Danke Mike, Kian, Violetta und Gitti für eure Geduld.

Danke Alexander, Hermann, David, Karin, Heike, Andreas, Markus R., Valentina, Johann, Walter, Hans, Joachim, Barbara, Katharina, Karl, Michelle, Stefanie, Anja, Sonja, Axel, Julia, Alex, Martin, Andreas, Tina, Raphaela, Mari, Markus, Naliwan, Monika, Karl, Roland, Gerfried, Bojan, Sabine, Tarek, Christina, Bille, Christine.

Julia und Helmut

SUCCUS
ESSENZ DES ERFOLGS

Autoren
Julia Weinzettl, Helmut Blocher | Österreich 2023

Verlag und Herausgeber
SUCCUS | Wirtschaftsforen GmbH
Dingelbergstraße 23, 3150 Wilhelmsburg | succus.at

Lektorat und Korrektorat
Barbara Schneeweiss | BS Office

Layout und Satz
Christine Kolmar, Sybille A. Adam | Büro Parterre

Zeichnungen und Bilder
Philipp Viehtauer, Lorena Nabliah Blocher

Fotos
Isabelle Bacher, Helmut Blocher, Tobias Gerber,
Elke Holzmann-Riedler, Pham Huy Trung,
Sebastian Judtmann, Susanne Kurz, Anni Moisala, Pascal Riesinger

Druck
Dieses Buch wurde beim Ökopionier gugler* DruckSinn, dem weltweit ersten
zertifizierten Anbieter für Cradle to Cradle Certified® Druckprodukte, gedruckt.

PurePrint®
innovated by gugler* DruckSinn
Gesund. Rückstandsfrei. Klimapositiv.
drucksinn.at

Das Cradle to Cradle®-Verfahren erfordert die Verwendung von Materialien, die
frei von schädlichen Substanzen sind, zudem die Nutzung erneuerbarer Energie-
quellen, den verantwortungsvollen Umgang mit Wasser sowie faire Arbeitsbedin-
gungen. Dieses Buch kann zu 100 Prozent wiederverwertet werden. Alle CO_2-
Emissionen, die beim Druck entstanden sind, werden zu 110 % kompensiert.

UW-Nr. 609

ISBN 9 783950542301
24,00 € (D) | 24,70 € (A)

Autoren

Julia
Weinzettl

ist Unternehmerin, Innovationsjournalistin und Autorin.
Sie studierte IBWL, Publizistik und Politikwissenschaften,
war viele Jahre Managerin in verschiedenen österreichi-
schen Start-ups (uboot, sms.at, bwin, 123people) und ist
Co-Founder von Taskfarm. Neugier, Wissensdrang, das
Interesse am Zuhören und Schreiben führte zu einer um-
fangreichen Sammlung an Interviews mit weltweit an-
erkannten Innovationsträgern. Sie ist verheiratet und
Mutter von zwei Kindern. Körperliche Wendigkeit ist ihr
ebenso wichtig wie geistige Schnelligkeit. Deshalb ist ihr
Lieblingssport Shotokan Karate, die Vereinigung von
Körper und Geist in der Bewegung.